V&R

Anne Thiel

Kinder coachen: die bessere Pädagogik

Professionelle Erziehung und Betreuung

Vandenhoeck & Ruprecht

Aus Gedanken werden Taten – danke dir!

Bibliografische Information der Deutschen Nationalbibliothek

Die Deutsche Nationalbibliothek verzeichnet diese Publikation in der Deutschen Nationalbibliografie; detaillierte bibliografische Daten sind im Internet über http://dnb.d-nb.de abrufbar.

ISBN 978-3-525-70169-0

Umschlagabbildung: shutterstock.com

© 2014, Vandenhoeck & Ruprecht GmbH & Co. KG, Göttingen /
Vandenhoeck & Ruprecht LLC, Bristol, CT, U.S.A.
www.v-r.de
Alle Rechte vorbehalten. Das Werk und seine Teile sind urheberrechtlich geschützt. Jede Verwertung in anderen als den gesetzlich zugelassenen Fällen bedarf der vorherigen schriftlichen Einwilligung des Verlages.
Printed in Germany.

Satz: SchwabScantechnik, Göttingen
Umschlag: SchwabScantechnik, Göttingen
Druck und Bindung: ⊕ Hubert & Co., Göttingen

Gedruckt auf alterungsbeständigem Papier.

Inhalt

Einleitung 7

Teil I: Das Konzept Kids-Coaching 13
  1 Herleitung 14
  2 Was es ist 15
  3 Menschenbild 17
  4 Grundlagen 19
  5 Ziele 23
  6 Bildung und Emotionen 29
  7 Was es nicht ist ... – Grenzen des Kids-Coachings 38
  8 Warum Kids-Coaching heute in jede
    Betreuungseinrichtung gehört 38
  9 Gewinn für Kinder *und* Fachkräfte 41

Teil II: Coaching-Tools im Kids-Coaching 45
  1 Landkarte 46
  2 Fragen 49
  3 Der systemische Blick 50
  4 Ressourcen aktivieren – Schatzsuche 53
  5 Moment of excellence 55
  6 Die Wunderfrage von de Shazer 57
  7 Imagination 59
  8 Lerncoaching 61
  9 SMARTe Ziele 68

Teil III: Die Rolle der Fachkraft 73
  1 Kids-Coaching basiert auf Beziehung 74
  2 Auf die Kommunikation kommt es an! 78

3 »Schwierige Kinder« gibt es nicht –
   Schaffen Sie ein ressourcenreiches Umfeld! 87
 4 Tief durchatmen und Gelassenheit bewahren 90
 5 Fachkräfte als Schatzsucher 92
 6 Fachkräfte als Vorbild – zu jeder Zeit! 94
 7 Entwicklung von Autonomie 97
 8 Was Fachkräfte mitbringen sollten 99
 9 Zu guter Letzt 103

Teil IV: Besonderes Situationen 105
 1 Kids-Coaching in der Eingewöhnung 106
 2 Gezielte Vorbereitung auf die Grundschule 118
 3 Kids-Coaching im Team nutzen 123
 4 Mit Coaching demokratisch führen 129
 5 Zusammengefasst 136

Fazit 137

Einleitung

> Das Bewusstsein für unsere Stärken
> und Fähigkeiten befähigt uns Probleme zu lösen
> und Veränderungen anzutreiben!

Die pädagogische Arbeit in der Betreuungseinrichtung ist geprägt von der optimalen Vorbereitung auf die Schule und der parallelen Betreuung während der Schulzeit, von gesellschaftlicher Teilhabe und vorschulischer wie außerschulischer Bildungsarbeit. Dabei findet die Individualität der Kinder und Fachkräfte nur wenig Platz in den allgemein gültigen Vorgaben für den Elementarbereich. So geben Bildungspläne das Rahmenprogramm für pädagogische Ziele vor, Entwicklungsbögen beurteilen die Kinder und Individualität wird im vorgegebenen Rahmen wenig sichtbar.

In diesem Buch präsentiere ich ein Konzept, das Fachkräfte dabei unterstützt, Kinder in ihrer Individualität zu stärken und gleichzeitig den gesellschaftlichen Ansprüchen gerecht zu werden. Die Rede ist von KIDS-COACHING. In Anlehnung an den Coachings-Prozess für Erwachsene nutze ich Coaching bereits seit Jahren für die pädagogische Arbeit mit Kindern. Coaching heißt dabei nichts anderes als Begleitung auf dem Weg zur individuellen Problemlösung. Dies gelingt, indem so genannte Tools (Werkzeuge) gezielt zum Erkennen der eigenen Problemlösung und dem Benennen eines Ziels eingesetzt werden. Ich arbeitete mit den Kindern bereits vor meiner Ausbildung zum Systemischen Coach in dieser Form und vertiefte den Ansatz dann anhand des theoretischen Gerüsts, das für die Arbeit mit Erwachsenen ausgelegt ist.

Diese Art zu arbeiten habe ich als sehr gewinnbringend sowohl für meine eigene pädagogische Arbeit als auch für die Entwicklung der Kinder erfahren. Gleichzeitig schenkt KIDS-COACHING im pädagogischen Alltag Entlastung und Freude, es orientiert sich zu jeder Zeit an Stärken, Potenzialen und Zielen. Es erachtet jedes Verhalten als positiv und zielführend. Es betrachtet Verhalten stets im System, in dem es auftritt, und als etwas Veränderbares.

Kids-Coaching eröffnet neue Sichtweisen und steht für einen Perspektivenwechsel! Dabei ist es zu keiner Zeit grenzenlos – ganz im Gegenteil. Kids-Coaching betrachtet Grenzen als wichtige Wegweiser, die für einen Richtungswechsel stehen. Grenzen sind notwendig, schenken Orientierung und Sicherheit. Wichtig ist es, sie nicht als einengend zu empfinden, sondern sich trotz des Achtens von Grenzen eigener Handlungsmöglichkeiten bewusst zu sein.

Kids-Coaching als ein ganzheitliches Konzept hat somit nicht ausschließlich die individuelle Entwicklung des Kindes im Blick, sondern betrachtet Entwicklung stets als einen Balanceakt von persönlichen Bedürfnissen und gesellschaftlichen Strukturen. Die Individualität des Kindes kann nur soweit gestärkt werden, wie das die gesellschaftlichen Regeln des Zusammenlebens ermöglichen. Auf diese Weise wird Kids-Coaching den Ansprüchen an pädagogische Arbeit zu jeder Zeit gerecht, ohne sie starr zu verfolgen.

Betreuungseinrichtungen als gesellschaftliche Institutionen eignen sich hervorragend als Übungsräume, um individuelle Entwicklung im gesellschaftlichen System zu stärken. Regeln, Anforderungen, Veränderungen, gruppendynamische Prozesse, Konflikte, Freundschaften ... all das bietet die Betreuungseinrichtung. So erleben bereits Kinder jede Herausforderung, der sie sich später als Erwachsene stellen müssen, und können lernen, damit umzugehen. Gleichzeitig haben Kinder die vertraute Begleitung ihrer Fachkraft, die ihnen Rückhalt und Sicherheit schenkt und mit ihnen auf die Suche nach den eigenen Fähigkeiten beim Meistern von Herausforderungen geht.

Autonome Lebensführung, aktive Teilhabe am gesellschaftlichen Leben, das Bewusstsein der eigenen Bedürfnisse und die sichere Balance zwischen persönlichen und gesellschaftlichen Ansprüchen – all das sind Kompetenzen, die Kinder bereits in der Betreuungseinrichtung aufbauen können. Anhand vieler praktischer Beispiele zeige ich Ihnen, wie es gelingt die genannten Kompetenzen in der täglichen Arbeit zu stärken. Ziel ist es nicht, neue pädagogische Leitlinien zu entwickeln, sondern vielmehr Ihre tägliche Arbeit zu erleichtern und einen neuen Blick zu gewinnen.

Auch wenn eine neue Betrachtungsweise und neue Reaktionen auf Verhalten zunächst eine geistige Investition fordern, werden Sie schnell Erleichterung in Ihrem Gruppenalltag spüren und KIDS-COACHING als Gewinn betrachten.

Nutzen Sie KIDS-COACHING und bereichern Sie Ihre pädagogische Arbeit mit den Kindern. Entdecken Sie dabei, welche neuen Perspektiven und Blickwinkel sich für Sie und die Arbeit mit Ihren Kollegen und den Eltern ergeben. Profitieren Sie von den Coaching-Tools und entdecken Sie die Schätze in Kindern, Erwachsenen und nicht zuletzt bei Ihnen selbst!

Warum Coaching Erziehung ablöst!

Erziehung ist ein uns allen bekannter Begriff. Erziehung wird mit Bildung und Entwicklung in direkten Zusammenhang gebracht und stellt einen grundlegenden Prozess beim Aufwachsen der Kinder dar.

Über Erziehung wird im Zuge von Bildungsdebatten, Kinderarmut, Elternbildung aber nur noch sekundär gesprochen, obwohl sie grundlegend für die Bildung und Entwicklung der Kinder ist. Was jedoch damit gemeint ist, wird selten reflektiert.

Der Erziehungsbegriff bedarf einer grundlegenden Überarbeitung und Anpassung an heutige Ansprüche und Notwendigkeiten.

Aus den starren Erziehungskonzepten vom Anfang des 20. Jahrhunderts entwickelte sich in den 60er-/70er-Jahren eine Konzeptvielfalt, welche die Starrheit flexibilisierte. Die individuelle Entwicklung der Kinder rückte in den Fokus des Erziehungsprozesses, Grenzen wurden gelockert[1] und das Kind erhielt einen autonomen Anteil am Erziehungsgeschehen.

War Erziehung bis dahin ein von Erwachsenen gelenkter Prozess, galten fortan die Kinder selbst als lenkende Instanz und gaben anhand ihres Entwicklungsstandes, ihres Temperaments und ihres freien Willens die Erziehungsrichtung vor.

---

1   Anti-autoritäre Erziehung.

Heute wissen wir, dass keine der beiden extremen Richtungen die einzig richtige[2] ist. Zusammengenommen ergänzen sich beide Erziehungsmodelle und bilden den Erziehungsstil, der unsere heutige Zeit prägt. Erziehung pendelt sich heute zwischen Anleitung und Autonomie, Fürsorge und Freiheit, Zielorientierung und Flexibilität[3] ein und schafft damit die bestmögliche Vorbereitung auf das Leben in unserer Gesellschaft.

Worauf zielt Erziehung – Welche Kompetenzen brauchen Menschen in unserer Gesellschaft?

Unverändert bleibt die Notwendigkeit von Erziehung für jedes Individuum. Anders jedoch als noch vor 100 Jahren sollte Erziehung individueller, am Entwicklungsstand und Temperament des Kindes orientiert verlaufen, ohne dabei das gemeinschaftliche Ziel aus den Augen zu verlieren.

Unsere Gesellschaft fordert eine Individualität in der Konformität – das fordert ein Individuum, welches sich der gesellschaftlichen Regeln des Zusammenlebens und -arbeitens bewusst ist und zum Bestehenden beiträgt. Gleichzeitig wird Individualität gefordert, welche die gesellschaftliche Entwicklung vorantreibt, ohne das System aus den Angeln zu hebeln.

Vom Individuum wird gefordert: Bringe deine Individualität ein im Rahmen deiner Grenzen, die dir vom gesellschaftlichen System gegeben sind!

Mit dem Streben nach Entfaltung und Autonomie stößt das Kind im Laufe seines Entwicklungsprozesses an gesellschaftliche Grenzen, erfährt Rückschläge und muss lernen, mit diesen umzugehen. Dafür ist es vonnöten, dass das Kind Niederlagen nicht als persönlichen Tiefschlag wertet, sondern seine Wünsche und Emotionen im gesellschaftlichen Rahmen einzubringen weiß.

---

2   Wenn man überhaupt von einer richtigen Richtung sprechen kann,
3   Die Begriffe werden fortlaufend in Kapitel 1.4 erklärt.

Einleitung

> **Beispiel**
> Mittagsruhe: Steffi, drei Jahre, liegt in ihrem Bett und möchte noch nicht schlafen. Sie redet vor sich hin, sie singt, sie schreit. Nach mehrmaligem Ermahnen bringt die Fachkraft sie zurück in den Gruppenraum mit der Erklärung, dass ihre Geräusche die anderen Kinder am Schlafen hindern und sie deshalb nicht im Schlafraum sein kann. Steffi fängt an zu weinen und wirft sich wütend auf den Boden, als die Fachkraft keine Anstalten macht, sie wieder mit zurückzunehmen.
>
> Mittagsruhe: Lennart, neun Jahre, soll sich in der Nachmittagsbetreuung still beschäftigen, bevor die Theatergruppe beginnt. Er wartet ungeduldig auf deren Beginn und findet kein Buch, das er lesen mag, und kein Spiel, das er spielen möchte. Stattdessen kaspert er lautstark durch den Raum und stört die anderen.

Steffi fällt der Umgang mit Grenzen und die Konsequenz, die sich aus deren Nichtbeachtung ergeben, noch schwer. Lennart kennt die Grenzen sehr genau, ist aber nicht bereit, sie einzuhalten.

Kinder müssen bereits im Laufe ihrer Entwicklung erfahren, dass Grenzen vorhanden sind und ihr Wille zwar gefördert, jedoch nicht stets nach ihm gehandelt wird. Durch dieses Wechselspiel von Autonomie und Grenzerfahrung entwickeln Kinder ein Bewusstsein für das Miteinander in der Gesellschaft. Durch das Zusammenspiel zwischen eigenen Bedürfnissen und den gesellschaftlichen Ansprüchen bildet sich die Identität des Individuums heraus, die sich bestmöglich in Balance zwischen persönlichen und gesellschaftlichen Anteilen befindet. Eine sichere Identität beinhaltet das Bewusstsein der eigenen Wünsche, Fähigkeiten und Möglichkeiten und die Verwirklichung im gesellschaftlich angemessenen Rahmen.

In einer Zeit des demografischen Wandels wird die Bedeutung der eigenen Identität fortlaufend größer. Die Ansprüche an Fachkräfte, an Familien und an Kinder wachsen stetig und verlangen den Umgang mit Unsicherheiten und Niederlagen. Dem Standhalten der Ansprüche geht ein erfolgreiches Selbstmanagement voraus, welches gespeist sein sollte von Selbstbewusstsein, Selbstwahrnehmung und emotionaler Kompetenz unter Wahrung der in der Gesellschaft gegebenen Möglichkeiten.

Teil I: Das Konzept KIDS-COACHING

> Jedes Verhalten folgt
> einer positiven Absicht!

1 Herleitung

Coaching als »Modewort« ist heute in aller Munde – was es beinhaltet und welchen Sinn Coaching hat, wissen da schon weniger. Ich möchte in diesem Kapitel nicht den Coaching-Prozess in seiner vollen Bandbreite erklären, sondern lediglich die für die Erziehung bedeutsamen Inhalte aufgreifen und erklären:

Coaching ist ein Prozess, der Individuen in herausfordernden Lebenssituationen professionell unterstützt und begleitet. Dabei steht nicht das Wissen des Coaches im Mittelpunkt, sondern das des Coachees[1], seine Sichtweise der Dinge und seine individuellen Möglichkeiten. Der Coach unterstützt den Coachee beim Ergründen seiner Möglichkeiten, um die eigenständige Bewältigung seines Problems zu fördern und voranzutreiben.

Dem Coach steht dabei ein Repertoire an Tools[2] zur Verfügung, die er unterstützend einsetzen kann, um das Problem des Coachees neu betrachten zu können.[3] Sie bieten dem Coachee die Möglichkeit, seinen Blick auf Probleme zu verändern und so eigenständig Lösungsansätze zu finden. Tools wirken nie passiv auf den Coachee ein, sondern führen nur mit aktiver Teilnahme zum gewünschten Ergebnis.

Die Gemeinsamkeit von Erziehung und Coaching mag dabei auf den ersten Blick nicht ins Auge fallen. Bei genauerer Betrachtung beider Prozesse und der jeweiligen Zielsetzung lassen sich jedoch sehr schnell Gemeinsamkeiten erkennen. Beides sind Entwicklungs- und Entdeckungsprozesse, werden vom Individuum maßgeblich gelenkt und basieren auf gleichen Grundlagen. Dabei wird das Individuum von einem Begleiter unterstützt, der ihn auf dem Weg zu seinen eigenen Fähigkeiten oder bei der Stärkung dieser unterstützt. Ziel des Coaches ist es, den Coachee soweit zu begleiten, dass der Coach »überflüssig« wird. Ebenso verhält es sich in der Erziehung: Ziel der Erziehung ist es, die Kinder auf ihrem eigenen Lebensweg zu begleiten, Fähigkeiten zu

---

1 Klient, Individuum, Kind.
2 Sogenannte Werkzeuge, die im zweiten Teil des Buches detaillierter erläutert werden.
3 Primär geht es darum, dass der Coachee den allumfassenden Blick auf sein Problem bekommt und dadurch einen Perspektivenwechsel vornimmt.

stärken und ihre individuelle Teilhabe an der Gesellschaft zu forcieren. Dabei sollte die pädagogische Fachkraft ebenso »überflüssig« auf ihrem Weg werden, wie es der Coach für seinen Coachee wird.

Auf dieser Basis entstand das Konzept KIDS-COACHING. KIDS-COACHING ist eine Methode für pädagogische Fachkräfte (und für Eltern), stärkt in der täglichen Arbeit die Individualität der Kinder und zielt auf die kompetente Teilhabe der Kinder in der Gesellschaft. Gleichzeitig dient sie Fachkräften dazu, mit einfachen Coaching-Tools einen neuen Blick auf Kinder zu gewinnen, individuell auf sie eingehen zu können und neue Lösungswege im Umgang mit Verhalten zu trainieren.

2 Was es ist …

KIDS-COACHING ist dynamisch und orientiert sich an den Bedürfnissen des Kindes, ohne dabei den gesellschaftlichen Rahmen außen vor zu lassen. KIDS-COACHING begleitet die Kinder dabei, die Welt, die Gesellschaft und sich selbst zu entdecken, und schafft den sicheren Rückhalt und das Vertrauen, das sie benötigen. KIDS-COACHING hat zum Ziel, das Kind auf dem Weg zu einem angepassten und gleichzeitig reflektierten, autonomen Wesen zu begleiten. Angepasst meint, den gesellschaftlichen Anforderungen sowie den damit verbundenen Ansprüchen gerecht werden zu können und gleichzeitig die Rolle den eigenen Bedürfnissen anzupassen.[4] Dafür verlangt es emotionale Kompetenz, welche den Umgang mit Anforderungen, Niederlagen und Herausforderungen ermöglicht, und gleichzeitig Empathie, um den Rahmen seiner Möglichkeiten auszuloten.

KIDS-COACHING propagiert ein Agieren »auf Augenhöhe«, eine Kooperation, die beide Parteien maßgeblich beeinflussen. Eine Partnerschaft, die stets nach einer Win-win-Lösung strebt und sich dementsprechend gewinnbringend für beide Parteien auswirkt.

Demzufolge werden Erziehungsmaßnahmen nicht »von oben herab« angeordnet, sondern in ihrer Absicht und ihrem Motiv erklärt, zur bestmöglichen Nachvollziehbarkeit des Kindes. Es ist sicherlich

---

4 Um Veränderungen einzuleiten, muss das Individuum die Rolle erst einmal annehmen und die Ansprüche, Widersprüche und Freiheiten erkennen.

der mühseligere Weg, die Kinder stets über die eigenen Handlungsabsichten aufzuklären und Ziele zu verdeutlichen, doch anders geht es nicht. Eine gleichberechtigte Partnerschaft hat keine Anführer und Befolger, sondern eben gleichberechtigte Partner, die über Absichten informiert sind. So sollten Fachkräfte stets mit der Transparenz Kindern gegenüber arbeiten, die sie sich für ihre eigene Arbeit auch wünschen. Auf diese Weise stellen sie die Weichen dafür, dass die Kinder sie auch über ihre Verhaltensabsichten aufklären. Indem den Kinder vorgelebt wird, dass jedes Verhalten einer Absicht folgt, beginnen auch Kinder Verhalten zu reflektieren und zu verändern. Das funktioniert unabhängig davon, ob ein Verhalten richtig oder falsch ist. Gerade auch bei falscher Handlung kann die Reflexion der Fachkräfte dazu beitragen, dass Kinder darüber reflektieren und sich den Fehler eingestehen.

Fachkräfte sollten auch bei kritikwürdigem Verhalten stets wertschätzend mit dem Gegenüber umgehen. Sie sollten gemeinsam mit dem Kind reflektieren, warum das Verhalten der Situation nicht angepasst war und dabei darauf achten, dass Verhalten nicht gleich Person ist. Es sollte nur das Verhalten kritisiert werden und die Persönlichkeit des Kindes außen vor gelassen werden.

> **Beispiel**
> Du störst!
> Besser: Dein lautes Schreien stört die Unterhaltung!
> Dein lautes Schreien stört die Unterhaltung, geh doch in die Turnhalle, da kannst du dich austoben!

Einmal fokussiert die Kritik die Person, einmal wird das Verhalten kritisiert – Verhalten lässt sich ändern, die Persönlichkeit nicht. Indem Fachkräfte wertschätzend und verhaltensorientiert kritisieren, geben sie eine konstruktive Kritik ab. Mit ihrer Kritik einhergehend sollte die Fachkraft gemeinsam mit dem Kind Verbesserungsmöglichkeiten suchen. Auf diese Weise unterstützt sie das Kind darin, einen besseren Verhaltens- und Lösungsweg zu finden.

Kritik im Kids-Coaching ist demnach stets verhaltensorientiert und zeigt neue Möglichkeiten auf. Damit verharrt sie nicht in der jeweiligen Situation, sondern öffnet den Raum zur Verbesserung des Verhaltens.

Erwachsene neigen dazu, mit einer Fülle an Erfahrungen und Weisheiten auf Kinder herabzuschauen, und verhalten sich Kindern gegenüber anders, als sie es Erwachsenen gegenüber tun würden. Gerade in kommunikativer und wertschätzender Hinsicht gibt es dafür jedoch keinen Grund. Im Kids-Coaching sind beide Parteien erfahren und bringen ein Paket an Kompetenzen mit. Keine der beiden Parteien ist besser als die andere. Bereichernd wirkt sich Kids-Coaching nur dann aus, wenn beide Parteien sich aufeinander einstellen und am selben Strang ziehen.

Erziehung ist ein von Fachkräften aktiv geleiteter Prozess, der zwar kooperativ mit den Kindern stattfindet, bei dem Kindern jedoch das Einwirken von Erziehungsmaßnahmen nicht bewusst ist. Der innere Drang des Kindes steht für das Streben nach Entwicklung und ist Grundlage jedes Coachings.

Zusammenfassend: Kinder haben den Wunsch nach Erziehung, jedoch äußert sich dieser weniger in einem »Nimm mich an die Hand und zeig mir die Welt!«, sondern eher aktiv als »Ich nehme dich an die Hand, für den Fall, dass ich Hilfe brauche!«

3 Menschenbild

Das Menschenbild im Kids-Coaching ist durchweg positiv und geht von der Absicht aus, dass jedes Kind zu jeder Zeit das Verhalten zeigt, welches ihm im derzeitigen Moment als richtig erscheint.

Kids-Coaching baut auf der Grundlage auf, dass hinter jedem Verhalten eine positive Absicht steckt. Dementsprechend werden problematische Verhaltensweisen nicht auf ihre negative Absicht hin betrachtet, sondern darauf, was sie für das Kind sicherstellen sollen.

> **Beispiel**
> Ein sehr autoritärer und strenger Chef, der seinem Team strenge Arbeitsstrukturen vorgibt, kann damit sicherstellen wollen, dass die Teammitglieder nicht die gleichen Fehler machen, die er gemacht hat.

Damit steht hinter dem sicherlich einengend wirkenden Verhalten des Chefs die positive Absicht sein Team zu schützen.

Ein Verhalten ist immer abhängig vom System,[5] in dem agiert wird. So ist das Verhalten eines Kindes vielleicht für den Außenstehenden nicht nachvollziehbar, obwohl es für das Kind im jeweiligen System Sinn macht und zielführend wirkt.

Beispiel
Ein lautes, aggressives Kind bekommt die meiste Aufmerksamkeit in einer Kindergruppe unter 25 anderen Kindern. In der Familie zeigt es dieses Verhalten nicht, da es auch so genug Aufmerksamkeit bekommt.

Das Verhalten des Kindes ist für Außenstehende nicht nachvollziehbar und störend. Im System der Kindergruppe macht es jedoch Sinn, um Aufmerksamkeit zu erlangen.

Jedes Individuum verfügt über Ressourcen zur Bewältigung jeder Lebenssituation! Auch jedes Kind trägt die Ressourcen seiner Fähigkeiten in sich und kann damit jede Lebenssituation bewältigen. KIDS-COACHING arbeitet daran, diese Ressourcen zu finden, freizulegen und auf Lebenssituationen anzuwenden. Ressourcen treten dabei oft versteckt oder getarnt in Erscheinung.

Beispiel
Klara wird im Sommer eingeschult. Sie macht sich große Sorgen und berichtet, dass sie niemanden kennt und glaubt, dass keine netten Kinder in der Klasse sind. Wenn Klara zum Geburtstag ihrer Freundin eingeladen ist, die in einen anderen Kindergarten geht, kennt sie auch niemanden. Dennoch tritt sie schnell in Kontakt und findet stets neue Spielgefährten.

---

5 Gemeint ist System als soziales System: Familie, Freunde, Kollegen, Gesellschaft.

Klara scheint also durchaus die Fähigkeit zu besitzen, gut in Kontakt zu treten und sich gut in eine neue Gruppe einzufinden. Das ist ihr in der Sorge um den anstehenden Übergang in die Schule aber nicht bewusst. Es gilt, das Erkennen der eigenen Fähigkeit bewusstzumachen, auf die kommende Situation zu übertragen und dort anzuwenden. Dabei gilt es nicht nur, allgemein Ressourcen zu finden, sondern speziell die in dieser Situation benötigten zu übertragen.

Sollte Klara Sorge haben, die Schulinhalte nicht verstehen zu können, hieße es Situationen zu finden, in denen sie mit neuen Inhalten gut zurecht kam.

4 Grundlagen

4.1 Umgang mit Grenzen

KIDS-COACHING unterstützt gerade da, wo Grenzen erfahren werden. Es steht dabei für einen Richtungswechsel. Es gilt, Grenzen wahrzunehmen, Möglichkeiten zum autonomen Handeln zu entdecken und seinem Weg eine neue Richtung zu geben. Dabei sollte die Fachkraft mit dem Kind gemeinsam den Grenzen auf den Grund gehen und klären, warum es wichtig ist, diese einzuhalten. Auf diese Weise bleibt die Grenze zwar, aber das Kind versteht die positive Absicht dahinter und kann den Gewinn des »Grenzenwahrens« nachvollziehen. Grenzen müssen für das Kind in einem nachvollziehbaren Zusammenhang stehen. Es nützt nichts, für grenzwahrendes Verhalten materielle Belohnungen auszuloben. Viel wichtiger ist der Gewinn, den das Kind daraus zieht. Denn dann wahrt es die Grenzen für sich und nicht für den materiellen Gewinn. Wenn das so ist, verankert sich dieser Gewinn im Bewusstsein des Kindes und es lernt, Grenzen zu schätzen.

> **Beispiel**
> Steffi, drei Jahre, ist während der Mittagsruhe im Schlafraum nicht still, woraufhin die Fachkraft sie in den Nebenraum bringt und ihr erklärt, dass sie nicht im Schlafraum sein könne, wenn sie so laut sei. Offenbar möchte Steffi mit den anderen Kindern und der Fachkraft zusammen sein. Wenn sie ruhig ist, darf sie mit im Schlafraum sein und findet darin ihren Gewinn.

> Lennart, neun Jahre, soll sich in der Nachmittagsbetreuung still beschäftigen. In ungeduldiger Vorfreude auf die Theatergruppe kaspert er lautstark durch den Raum und stört die anderen. Die Fachkraft erklärt, dass die Theatergruppe heute über das Bühnenbild sprechen wird und dafür gute Ideen gefragt sein werden. Lennart schnappt sich Block und Buntstifte, arbeitet schon in der Ruhephase für das Theater und findet darin seinen Gewinn.

4.2 Anleitung und Autonomie

Fachkräfte begleiten den Entwicklungsprozess des Kindes. Es strebt nach eigenständiger Entwicklung und wird durch gezielte Anleitung so gefördert, dass es den Prozess autonom gestalten kann. Im Fokus stehen dabei die eigenen Kompetenzen, um Grenzen zu überwinden. Das Bewusstwerden der eigenen Stärken, die Anwendung dieser und das Ausloten der eigenen Möglichkeiten. Dabei wird die Fachkraft zur Beraterin, sie gibt die Lösungen nicht vor, sondern setzt aus einem erweiterten Blickwinkel heraus Impulse zur eigenen Lösungsfindung. Im Laufe des Alters verändern sich zwar die Lebenssituation und die damit einhergehenden individuellen Grenzen, jedoch bleibt der Prozess jederzeit der gleiche: Wenn Menschen ihrem Streben nach Autonomie freien Lauf lassen, stoßen sie zwangsläufig an Grenzen, die sie in ihrem autonomen Handeln stoppen. Bei Kindern gilt es daher, durch gezielte Anregungen und Impulse Möglichkeiten auszuloten, dem Streben nach Autonomie im Rahmen der Möglichkeiten nachzugehen und diese zu stärken. Es geht darum, sich seiner Möglichkeiten und seiner Kompetenzen bewusst zu werden. Auf diesem Selbst-Entdeckungsprozess begleitet die Fachkraft das Kind und leitet es durch Anregungen und Impulse an, sich der eigenen Stärken und Möglichkeiten bewusst zu werden. Damit erwirbt das Kind die Fähigkeit zum autonomen Handeln.

> **Beispiel**
> Philip möchte einen vorgezeichneten Stern ausschneiden. Er tut sich schwer, mit der Schere auf der Linie zu schneiden. Die Fachkraft zeigt Philip, wie er die Schere und das Papier am besten hält, damit es ihm leichter fällt. Nachdem Philip diese Grundkenntnisse

> (Papier und Schere halten) erworben hat, gelingt es ihm, den Stern auszuschneiden.
> Jessica hat einen Schal mit bunten Streifen gestrickt. Dazu will sie nun eine Mütze stricken. Die Fachkraft zeigt ihr, wie man mit einer Rundnadel umgeht. Jetzt klappt es.

KIDS-COACHING arbeitet nach dem Leitprinzip »Hilfe zur Selbsthilfe« (Maria Montessori, 1870–1952) und zielt darauf, die Eigenständigkeit des Individuums zu unterstützen und zu stärken. KIDS-COACHING ist dann erfolgreich, wenn es sich im Laufe der Zeit überflüssig macht und wie unbewusst passiert. Es soll nicht bewusst neues Verhalten gelernt, sondern ganz nebenbei bereits vorhandenes Verhalten gestärkt werden. Genau darin spiegelt sich der Erfolg des Coachings wider: Begleitung bei der Selbsthilfe

4.3 Fürsorge und Freiheit

Die Erziehung gerade des kleinen Kindes braucht den fürsorgenden und Sicherheit gebenden Rückhalt als Grundlage. Durch die Fürsorge der Mutter erlangt das Kind das nötige Vertrauen in sich und seine Umwelt, um bevorstehende Herausforderungen anzunehmen und zu meistern. Ebenso ist es die Bezugsperson in der pädagogischen Arbeit, die Sicherheit und Rückhalt im Entdeckungsprozess schenkt. Im KIDS-COACHING ist genau dieses Vertrauen die Basis für die gemeinschaftliche Arbeit zwischen Fachkraft und Kind. Um Anregungen und Impulse anzunehmen, verlangt es ein Vertrauensverhältnis, das durch Fürsorge und Wertschätzung der Fachkraft für die Probleme des Kindes entsteht. Fürsorge meint hier: Wahrnehmung, Unterstützung und Rückhalt.

Das Kind muss das Gefühl haben, bei der Fachkraft gut versorgt zu sein. Es muss sich wohl fühlen, Vertrauen haben, um sich öffnen zu können. Dieses Verhältnis wird als positiver Rückhalt empfunden, als sicherer Rückzugsort im Entwicklungsprozess. Gehalten wie durch ein sicheres Netz, wagt das Kind eigenständig neue Wege. Dabei darf die Fürsorge natürlich die Freiheit des Kindes nicht überdecken. Es wird nur soviel Fürsorge geschenkt, wie das Kind als sicheren Halt für seinen Entdeckungsprozess benötigt. Ebenso wird die Balance zwischen Fürsorge und Freiheit gewahrt, zur optimalen Entfaltung der individuellen Möglichkeiten. KIDS-COACHING ist nichts aktiv Einwirkendes oder Lenkendes, vielmehr werden vielfältige Anregungen und Impulse geschenkt, um die individuelle Entwicklung zu stärken.

> **Beispiel**
> Lena wagt sich nur langsam an den Erlebnispfad heran. Sie möchte sich nicht die Schuhe ausziehen und wie die anderen Kinder barfuß über den Pfad laufen. Sie möchte an der Hand ihrer Fachkraft bleiben und schaut sich aus der Ferne an, wie die anderen Kinder barfuß spazieren. Während die Fachkraft ihr die Sicherheit schenkt, das Treiben mit Abstand zu betrachten, lässt Lena langsam die Hand los und wagt Schritt für Schritt Richtung Pfad. Immer wieder schaut sie dabei zur Fachkraft zurück und sucht ihren Blick.

Durch die Sicherheit, dass Lena jederzeit wieder zur Fachkraft zurückgehen kann, wagt sie Entdeckungsschritte. Dabei nimmt sie sich die Freiheit zum Entdecken und sichert sich über den Blick zur Fachkraft stets ab.

Häufig zeigt sich, dass gerade Kinder, bei denen sich die Fachkraft sehr wünschen würde, dass sie mutiger werden, ihr nicht von der Seite weichen. Bewusst oder unbewusst spürt das Kind das Fortdrängen der Fachkraft, auch wenn kein Druck aufgebaut wird. Umso mehr hat das Kind das Gefühl festhalten zu müssen, was es eigentlich verlassen soll. Die bessere Alternative ist, dem Kind die Zeit zu geben, die es braucht, oder sich gemeinsam auf Entdeckungstour zu begeben und sich in Absprache mit dem Kind zurückzuziehen.

4.4 Zielorientierung und Flexibilität

KIDS-COACHING ist ein zielorientierter Prozess. Die Fachkraft begleitet das Kind auf dem Weg zu seinem Ziel. Dabei wird das Ziel vom Kind festgelegt und nicht von der Fachkraft.

> **Beispiel**
> Tom möchte unbedingt auf das Klettergerüst. Er quengelt am Arm der Fachkraft, dass sie ihn hochheben soll, da die anderen Kinder

bereits oben sind. Tom schafft es allein jedoch noch nicht. Die Fachkraft begleitet ihn zum Klettergerüst und sie besprechen gemeinsam, wie Tom sich festhalten muss, damit er auch hochkommt. Als Tom beginnt hochzuklettern, bleibt er auf der Hälfte stehen und beendet sein Klettern. Er stellt fest, dass ihm die Höhe hoch genug ist und er kein Interesse daran hat, noch höher zu klettern.

KIDS-COACHING begleitet zwar auf dem Weg zum Erreichen eines genannten Zieles, ist dabei jedoch nicht starr. Jeder Prozess enthält Bewegung, Bewegung kann nicht immer steuerbar und vorhersehbar sein. Dementsprechend können sich im Entwicklungsprozess Ziele verändern oder können mit Erreichen dieser Ziele neue Herausforderungen auftauchen. Es ist also vonnöten, das Kind beim Erreichen seiner Ziele zu begleiten, es jedoch stets mit der nötigen Flexibilität zu unterstützen, da Ziele sich im Laufe des Prozesses verändern können. Im Fokus steht das Erfolgserlebnis und die Zufriedenheit des Kindes.

Herausfordernd wirkt sich das Zusammenspiel zwischen Zielführung und Flexibilität für die Fachkraft und das Kind gleichermaßen aus: Mit Flexibilität ist nicht gemeint, Ziele nicht verfolgen zu müssen und jederzeit auf neue Entwicklungen zu reagieren. Gleichzeitig heißt es nicht, sich jeder Dynamik zu verweigern und starr auf das Ziel fokussiert zu bleiben. Die Fachkraft benötigt hier gute Menschenkenntnis und die nötige Portion Empathie, um einschätzen zu können, ob die Veränderung eines Ziels aus einem Fluchtgedanken[6] heraus resultiert oder weil sich das Ziel des Kindes verändert hat.

5 Ziele

KIDS-COACHING als zielorientierter Prozess hilft dabei, sich seiner eigenen Kompetenzen und Fähigkeiten bewusst zu werden und diese gezielt einzusetzen, um jede Hürde des Lebens eigenständig überwinden zu können. Dementsprechend geht es nicht darum, dass Lösungsvorschläge durch die Fachkraft vorgegeben werden, sondern dass die Fachkraft das Kind in seiner eigenen Entwicklung unterstützt. Es soll

---

6 Durch Hemmung oder Angst vor einer Niederlage.

lernen, den Blickwinkel auf das Problem zu erweitern, zu einer neuen Betrachtung zu gelangen und Auswege zu finden. Ziele wie
- Selbstmanagement,
- sich seiner selbst bewusst sein,
- soziale Kompetenz,
- Autonomie und Selbstständigkeit,
- emotionale Kompetenz,
- Bewusstsein der eigenen Fähigkeiten und Stärken

sind in jedem KIDS-COACHING vertreten, ob bewusst gesteuert, oder einhergehend mit der eigentlichen Problemlösung. Ganz allgemein trägt KIDS-COACHING zur Verbesserung der Lebensqualität bei, da sich über die spezifischen Ziele hinaus weitreichende Veränderungen einstellen.

5.1 Selbstmanagement – sich seiner selbst bewusst sein

Selbstmanagement ist eine grundlegende Voraussetzung, um sein Leben zu regeln. Viele Menschen haben Probleme damit, sich selbst zu organisieren, Arbeitsabläufe klar zu strukturieren und Zeiträume entsprechend einzuplanen. Dies führt dazu, dass die eigenen Erwartungen nicht erfüllt werden können: Zuviel wird in zu kurzer Zeit geplant, der Arbeitsaufwand nicht entsprechend eingeschätzt und die Möglichkeiten des Scheiterns werden unterschätzt. Zwangsläufig führen die Misserfolge zu Enttäuschungen und Demotivation.

KIDS-COACHING zielt auf die bewusste Wahrnehmung der eigenen Bedürfnisse, für sich zu sorgen und sich zu managen. Wenn bereits Kinder lernen ihre Bedürfnisse wahrzunehmen, werden sie es wie selbstverständlich auch als Erwachsene tun und damit einer möglichen Überforderung im Leben wirksam vorbeugen. Selbstmanagement im Kindesalter beugt präventiv einem späteren Ungleichgewicht zwischen Arbeit und Beruf vor und hilft so, Stress und Burnout im Erwachsenenalter zu vermeiden.

> **Beispiel**
> Als Britta, 4 Jahre, ihr Wasserglas verschüttet, landet der Inhalt auf ihrem Pullover – sie geht zu ihrer Garderobe und kleidet sich um.
> Mika, 6 Jahre, geht in die Grundschule. Er weiß, dass er in der

Pause nochmal auf die Toilette gehen muss, damit er sich dann voll auf den Unterricht konzentrieren kann.

Nina, 8 Jahre, hat am Abend ihren großen Auftritt mit der Ballettgruppe. Sie ist sehr nervös und übt fleißig zu Hause, damit sie noch sicherer wird.

Oli, 12 Jahre, macht in einer Arbeitsgemeinschaft seine Hausaufgaben. Jedoch merkt er, dass er stets von seinem Nachbarn abgelenkt wird. Er sucht sich einen anderen Platz, an dem er sich besser konzentrieren kann.

In diesen Beispielen nehmen die Kinder sich und ihre Bedürfnisse bewusst wahr. Dabei handelt es sich sowohl um körperliche wie emotionale Bedürfnisse.

5.2 Soziale Kompetenz

Soziale Kompetenz beinhaltet die Kompetenz sich in einer Gruppe einzufinden. Dazu gehört zum einen, die anderen Mitglieder wahrzunehmen, gleichzeitig die Gruppenregeln zu erkennen und zu wahren und zum anderen die eigene Persönlichkeit mit in die Gruppe zu integrieren. Die Betreuungseinrichtung als gesellschaftliche Instanz verlangt dem Kind erstmals diese Integration in eine bestehende Gruppe ab. Ist das Kind vorab im Familienleben mit dessen Mitgliedern und Regeln aufgewachsen und hat sie mit geformt, gelten in der Betreuungseinrichtung neue Regeln. Hinzukommend müssen gruppendynamische Prozesse wahrgenommen werden, die zeigen, in welcher Beziehung die einzelnen Personen, Kinder wie Fachkräfte, zueinander stehen.

Beispiel

Lena, drei Jahre, ist neu in der Kindergartengruppe. Sie sucht den Kontakt zu zwei weiteren Kindern, vier Jahre, und spielt mit ihnen »Vater – Mutter – Kind«. Da Lena die Jüngste in der Dreier-Konstellation ist, soll sie das Baby spielen. Eigentlich fühlt sich Lena jedoch nicht als Baby. Zu Hause hat sie einen kleinen Bruder und ist bereits die Große. Bei einem der nächsten Male sagt Lena, dass sie heute nicht das Baby spiele, sondern die Rolle der Mutter übernehme.

Als Lena jedoch das erste Mal mit zwei Vorschulkindern, fünf Jahre, spielt, reiht sie sich wieder in der Rolle des Babys ein.

In diesem Beispiel zeigt sich, dass Lena sich langsam an die Gruppe herantastet und Gruppenregeln mit ihren eigenen Bedürfnissen abwägt. Um ins Spiel hineinzufinden, übernimmt sie die Regeln der anderen Kinder (Lena ist das Baby, weil sie die Jüngste ist). Als sie sich sicherer in der Gruppe fühlt, traut sie sich, ihre Bedürfnisse zu äußern und eine andere Rolle zu übernehmen. Dafür müssen Lena die Regeln sowie die gruppendynamischen Prozesse bewusst sein. So kann sie ausloten, inwieweit sie in welchem sozialen Gefüge nach ihren Bedürfnissen handeln kann, ohne Grenzen zu missachten.

5.3 Autonomie und Selbstständigkeit

Autonomie und Selbstständigkeit sind grundlegende Ziele für die Lebensgestaltung eines jeden Menschen. In der Familie und der Betreuungseinrichtung wird hierfür der Grundstein gelegt. Indem Kinder befähigt werden, ihren Tag selbst mitzugestalten, indem sie eingebunden werden in Entscheidungen, lernen sie autonom zu handeln. Daraus ergibt sich ihre Selbstständigkeit. Basis für diese Selbstständigkeit ist das Vertrauen in die eigenen Fähigkeiten. Dazu ist es notwendig, dass Fachkräfte das Vertrauen der Kinder in die eigenen Fähigkeiten stärken.

Beispiel

Die Käfergruppe plant einen Tischdienst zum Decken und Abräumen des Mittagessens. Die Fachkräfte setzen sich mit den Kindern zusammen und überlegen, wie sie den Dienst sowie den Dienstplan gestalten. Die Kinder überlegen eifrig mit und erstellen gemeinsam einen Plan, jedes Kind malt sich ein Symbol und klebt es auf einen Magneten. Der Plan wird im Gruppenraum aufgehängt, sodass die Kinder sich eigenständig um die Dienste kümmern können.

Über die Einbindung der Kinder in die Alltagsgestaltung wird das Verantwortungsgefühl für den Ablauf gestärkt und gleichzeitig zeigen die Fachkräfte, dass sie Vertrauen in das Handeln der Kinder haben.

Auf diese Weise werden autonome Handlungen geübt und das Selbstvertrauen und die Selbstständigkeit der Kinder gestärkt. Der innere Entwicklungsdrang der Kinder wird in Räumen der Selbstentfaltung ausgelebt.

5.4 Emotionale Kompetenz

Emotionen sind grundsätzlich gut, obwohl sie manchmal unerwünscht zutage treten und Menschen nicht so handeln lassen, wie sie es sich wünschen. So hindern sie manchmal an der bestmöglichen Durchführung von Aufgaben, worauf Unsicherheit, Nervosität und Aufregung folgen können.

Im KIDS-COACHING soll der konstruktive Umgang mit Gefühlen geübt werden. Dabei werden alle Gefühle als positiv betrachtet, Angst und Wut ebenso wie Freude. Im KIDS-COACHING geht es darum, Gefühlen Beachtung zu schenken, sie wahrzunehmen und einen Umgang mit ihnen zu finden.

> **Beispiel**
> Wenn Linus, 5 Jahre, mit den anderen Kindern Gesellschaftsspiele spielt, möchte er stets gewinnen. Wenn er verliert, hat er früher stets das Spielbrett vom Tisch geschmissen. Die anderen Kinder durften ihn nicht darauf ansprechen, da Linus sonst noch wütender wurde. Seit Neuestem steht er nach dem Verlieren jedoch auf und spielt für sich allein mit Duplos.

Linus hat gelernt mit seinen Gefühlen umzugehen. Er wird immer noch ebenso enttäuscht wie früher sein, dass er verloren hat. Jedoch verarbeitet er diese Enttäuschung, indem er ein anderes Spiel spielt.

Mit Schulkindern und Jugendlichen eignet sich KIDS-COACHING, um gezielt nach guten Eigenschaften hinter scheinbar »schlechten« Emotionen zu suchen – ähnlich wie jedes Verhalten wird auch jede Emotion als positiv betrachtet. Es gilt nur die positive Absicht zu finden und sie anzunehmen – auf diese Weise wird wie selbstverständlich ein wertschätzender Umgang mit den eigenen Emotionen und der eigenen Person gefunden.

> **Beispiel**
> Julia, 17 Jahre, ist sehr sensibel und ärgert sich, wenn andere Menschen unfreundlich sind oder sie kritisieren. Sie wäre gern cooler und würde das Getratsche der anderen nicht an sich heran lassen. Die Fachkraft überlegt nun mit Julia, in welchen Situationen es denn gut sein könnte, dass sie so sensibel ist und Äußerungen der anderen gefühlvoll wahrnimmt. Es stellt sich heraus, dass Julias Freundinnen sich sehr wohl bei Julia fühlen, weil sie stets mitfühlend ist und man ihr sein Herz ausschütten kann.

5.5 Bewusstsein der eigenen Fähigkeiten und Stärken

Eigene Fähigkeiten zu finden und zu stärken ist die Grundlage jedes KIDS-COACHINGS. Dabei strebt KIDS-COACHING nicht danach, neue Kompetenzen in das Kind »einzupflanzen«, sondern nutzt bereits bestehende Ressourcen und sucht diese zu verankern.

Die Fachkraft sucht gezielt nach Situationen, in denen dem Kind etwas sehr gut gelungen ist und macht diese Erfahrung fruchtbar. Unbewusst ist die Kompetenz also bereits vorhanden und wird im Prozess des KIDS-COACHINGS lediglich ins Bewusstsein gerufen, um sie nun gezielt einzusetzen. Da jeder Mensch über die Kompetenzen verfügt, die er in jeder Situation braucht, ist das schon alles! Auf diese Weise wird das Vertrauen der Kinder in sich gestärkt und die Reflexion der eigenen Fähigkeiten wird geübt. Damit profitieren Kinder nicht nur vom Bewusstwerden der eigenen Kompetenzen, sondern trainieren gleichzeitig den Weg zu den eigenen Fähigkeiten und können sich diese fortlaufend selbst ins Bewusstsein rufen.

5.6 Verbesserung der Lebensqualität

Dieses Ziel umfasst alle anderen Ziele und dient als Oberbegriff für jedes KIDS-COACHING: die Verbesserung der Lebensqualität.

Mit Erreichen der vorher genannten Ziele kann der Mensch sein Leben autonom lenken und steht mit der eigenen Person im Einklang, da er einen Umgang mit seiner eigenen Persönlichkeit erlernt hat. Er kann seine Kompetenzen und Emotionen gezielt einsetzen. Folglich akzeptiert er die eigene Persönlichkeit und das Bewusstsein für die eigene Individualität und die damit verbundenen Bedürfnisse wächst stetig.

Der Mensch lebt im Bewusstsein seiner selbst – und das gibt ihm Sicherheit in jeder Lebenslage. Er weiß um seine Fähigkeiten, kennt Schwachpunkte und Stärken und kann sich in gesellschaftlichen Gruppen einfinden, ohne seine eigenen Bedürfnisse außer Acht zu lassen.

6 Bildung und Emotionen

6.1 KIDS-COACHING als Grundlage für Bildungsprozesse

KIDS-COACHING bleibt ohne den Prozess der Bildung[7] unvollständig beschrieben, daher gehe ich im Folgenden darauf ein, welche Bereicherung der Bildungsprozess durch KIDS-COACHING erfahren kann.

Neugierde ist der Antrieb für jeden Bildungsprozess – das Kind will den Dingen auf den Grund gehen. Die berühmten »Warum-Fragen« sind ein allseits bekanntes Beispiel. Von Natur aus bringen Kinder ein Interesse für die Zusammenhänge der Welt mit und besitzen den Drang, Dinge zu erforschen. Fachkräfte sind dabei Begleiter, die ihren Wissenshunger stillen und mit ihnen forschen und experimentieren sollten. Bildung ist demnach nicht Wissensvermittlung, die von außen passiv auf die Kinder einwirkt – Bildung ist ein aktiver, von einem inneren Drang angetriebener, selbst-organisierter Prozess des Kindes. Aufgabe der Fachkräfte ist es, die Kinder dabei zu begleiten, Möglichkeiten des Erforschens zu schaffen und ihre Freude an Neuem zu fördern. Gelingt Fachkräften dies, schenken sie dem Kind die bestmöglichen Chancen für einen erfolgreichen Bildungsprozess und bereiten es optimal auf das Lernen in der Schule und im weiteren Leben vor.

Bildung wird erst dann anstrengend, wenn keine persönliche Freude und Motivation existiert. Kinder, die erleben können, dass es Spaß macht, die Dinge zu erforschen, dass die Dinge der Welt miteinander in Verbindung stehen und dass sie immer mehr Zusammenhänge aufdecken können und verstehen, gewinnen Sicherheit, verstehen die Welt und finden sich in ihr zurecht. Kinder agieren (wie Erwachsene) dabei nach folgendem Prinzip: Wenn sie einen Gewinn für sich erkennen können, forschen sie weiter. Das Geheimnis liegt im kausalen Zusammenhang zwischen dem Erlernten und dem Leben

---

7 Bildung als Wissensaneignung.

des Kindes. Wenn Wissensinhalte im täglichen Leben erkennbar sind und Anwendung finden, verfestigt sich das Erlernte auf diese Weise.[8]

Neue Wege ausloten!

Beim Erforschen der Welt haben Kinder jedoch nicht immer Erfolg – Niedergeschlagenheit, Enttäuschung und Wut können als Folge von Misserfolgen auftreten. Die emotionale Kompetenz dient hier als basale Fähigkeit, mit Enttäuschung und Wut umzugehen und derlei Gefühle nicht als persönliche Schwächen zu betrachten, sondern als Signal für einen Richtungswechsel. Aus dem Gedanken der eigenen Schwäche heraus verlieren Kinder die Motivation, in ihrem Wissen voranzuschreiten – im Ausloten neuer Wege finden Kinder neue Motivation.

Kinder wie Erwachsene haben besondere Freude an Dingen, bei denen sie einen Erfolg erwarten. Wenn Kinder Misserfolge als persönliche Schwäche betrachten, verlieren sie den Glauben an sich und an ihren Erfolg. Damit ist nicht gemeint, dass Kinder keine Enttäuschung erleben oder zeigen dürfen. Diese sollte genauso gezeigt und gelebt werden wie jede andere Emotion. Wichtig ist allerdings, die Enttäuschung zwar wahrzunehmen, im Anschluss aber dann Möglichkeiten zu finden, doch noch zum gewünschten Ziel zu gelangen, die Zielsetzung zu ändern oder Hilfestellung zu finden. In diesem Fall können Fachkräfte die Enttäuschung nutzen, um gemeinsam mit dem Kind neue Möglichkeiten auszuloten. Dabei kommt ihnen eine Schlüsselrolle zu!

Beispiel

Markus, sieben Jahre, möchte wie die anderen Kinder auf das Klettergerüst. Die anderen Kinder spielen oben Piratenschiff und klettern stets die Steilwand hoch. Das traut Markus sich jedoch nicht, da ihm die Steigblöcke zu klein sind. Er ärgert sich und beschwert sich bei der Fachkraft, dass er so gern mitspielen möchte. Diese fragt ihn, ob es denn keinen anderen Weg für ihn gäbe, hochzuklettern. Markus wandert um das Klettergerüst und steigt eine Strickleiter hinauf. Nun kann er ebenfalls mitspielen.

---

8   Nähere Erläuterung finden Sie im Kapitel II.8 Lerncoaching.

Indem Fachkräfte gemeinsam mit dem Kind neue Möglichkeiten ausloten, zeigen sie ihm, dass Grenzen nicht das Ende des Weges sind, sondern zum Richtungswechsel auffordern.

Bildung in Kindergarten und Schule

In der frühen Kindheit sowie in der Vorschulzeit ist der Bildungsraum sehr frei. Bildung passiert im alltäglichen Lebensraum: Das, was da ist, wird erforscht! Dafür ist es natürlich von besonderer Bedeutung, dass der Lebensraum bildungsanregend wirkt. Wenn Kinder ihren Bildungsprozess selber initiieren und sich entsprechende Anregungen suchen, können Sie als Fachkräfte den Bildungsprozess durch das Angebot der Anregungen zwar nicht steuern, aber dennoch lenken.

Auch im Bildungsprozess erhalten die oben genannten Grundlagen des KIDS-COACHINGS »Anleitung und Autonomie«, »Fürsorge und Freiheit« sowie »Zielorientierung und Flexibilität« eine besondere Bedeutung.

- Leiten Sie den Prozess durch das Schaffen gezielter Anregungen an und ermöglichen Sie im Rahmen der Anregungen einen autonomen Bildungsprozess.
- Seien Sie für Rückfragen offen und sorgen Sie für die Beantwortung von offenen Fragen. Schenken Sie dabei dem Kind die Freiheit, den Antworten in seinem Lebensraum auf den Grund zu gehen.
- Die Anregungen, die Sie schaffen, sind zwar an einem Bildungsinhalt orientiert, zeigen sich aber dennoch flexibel in der Nutzung der Inhalte für ein individuelles Bildungsziel.

Schule als Bildungsraum findet im Gegensatz zur Vorschulzeit in einem festen Rahmen, zu bestehenden Uhrzeiten und vorgegebenen Inhalten statt. Der Bildungsprozess ist dementsprechend weniger offen gestaltet als im vorschulischen Bereich und ist klar strukturiert. Dabei lässt sich der innere Drang nach Wissen nicht immer frei ausleben, sondern wird auf gezielte Inhalte gelenkt. Heute findet in Schulen nicht mehr ausschließlich Frontalunterricht statt. Heute gilt als allseits bekannt, dass Bildung Freiraum benötigt, dass Bildung Austausch verlangt und das Lernen ganzheitlich[9] sein muss. Gerade in der Schule zeigt sich, inwieweit die emotionale Kompetenz bisher entwickelt werden konnte – sie ist hier von enormer Bedeutung: Wenn Bildung nicht mehr ausschließlich nach dem inneren Drang des Kindes verläuft und Wissensinhalte nicht mehr frei wählbar sind, muss auch Wissen erworben werden, das theoretisch, nicht lebensnah und zeitweise unverständlich ist. Dieser Prozess kann Enttäuschung und Missmut schüren. Wenn das Kind gelernt hat, mit Grenzen im Bildungsprozess umzugehen, wird es auch im Bildungsverlauf der Schule nach alternativen Lösungen suchen und den Mut nicht verlieren, doch ans Ziel zu gelangen – zum Verständnis. Es wird wissen, dass es einen Weg gibt, sich das gewünschte Wissen anzueignen, und dass das Unverständnis überwindbar ist. Es wird Niederlagen nicht auf seine persönliche Schwäche und Unkenntnis zurückführen, sondern lediglich auf eine unverständliche Herleitung der Wissensinhalte.

Die methodische Kompetenz, die hier gefordert ist, ist das Lernen des Lernens. Um Inhalte in der Schule nachvollziehen und verstehen zu können, muss das Kind Lernen gelernt haben. Es muss sich bewusst sein über verschiedene Lernwege, auf denen es zu Bildungsinhalten kommt. Lernmethodische Kompetenz meint nichts anderes als »neue Wege ausloten!« Wenn der eine Weg nicht zum Lernziel führt, sucht man auf anderen Wegen zum Ziel zu kommen.

Beispiel

Tina, neun Jahre, soll im Erdkundeunterricht den Lebensraum verschiedener Vogelarten auswendig lernen. Sie verwechselt jedoch stets die Vogelarten und ihre Lebensräume. Nach Rücksprache mit ihrer Mutter setzt sich Tina ans Internet und schaut sich einzelne Filme zum Lebensraum der Vögel an. Sie kann sich nun den Lebensraum wesentlich besser vorstellen und ihr fällt es leichter, die Vogelarten auseinander zu halten.

---

9 Mit allen Sinnen – nicht nur durch Hören und Aufschreiben. Mehr dazu im Kapitel II.8 Lerncoaching.

Der Lebensraum als Bildungsort

Wenn Sie als Fachkraft dem Kind einen interessanten, anregungsreichen Lebensraum bieten, müssen Sie nicht künstlich eine Bildungswelt erschaffen. Natur, das Leben, die Menschen bieten unendliche Möglichkeiten, die Welt zu entdecken. Lassen Sie sich von den Kindern leiten und erkunden Sie gemeinsam die Welt. Schnell werden Sie merken, dass sich auch Ihr Blick auf die Welt verändert und Sie die Dinge mit neuen Augen betrachten. Entdecken Sie mit Kindern zusammen die Freude am Erkunden der Welt. Dabei müssen Sie nicht auf alle Fragen die richtigen Antworten haben: Vermitteln Sie dem Kind nicht das Bild des allwissenden Erwachsenen, denn das ist nicht das wahre Bild – auch Erwachsene wissen nicht alles, genauso wenig wie Kinder! Damit stärken Sie das Kind, die Welt weiter zu erkunden, weiter Fragen zu stellen, ohne Hemmungen zu haben, als unwissend dazustehen. Wenn Fachkräfte Kindern zeigen, dass auch Erwachsene nicht alles wissen, stärken sie Kinder darin, stets Fragen zu stellen!

Gehen Sie Fragen gemeinsam auf den Grund, das stärkt Ihre Beziehung zu den Kindern, beschert Ihnen neue Wissensinhalte und lässt Sie den Blick des Kindes auf die Welt noch besser erfassen. Gleichzeitig vermitteln Sie ein Erkunden auf Augenhöhe und stärken durch gemeinsame Erlebnisse und Erfahrungen ihre Beziehung miteinander.

Bildung hält immer etwas Neues, ein Wagnis bereit, eine Herausforderung, die vorher nicht einsehbar ist. Mit Mut, Neugierde, eigener Sicherheit und dem Wissen, dass Grenzen keine Schwäche bedeuten, bleibt die Freude an Bildung erhalten, unabhängig vom Lernort!

6.2 Fachkräfte als Begleiter zur emotionalen Kompetenz!

Der Umgang mit Gefühlen ist eine Grundvoraussetzung für ein erfolgreiches Leben! Will man gut zusammen leben, zusammen arbeiten, Freundschaften pflegen, ist der Umgang mit den eigenen Gefühlen eine Basiskompetenz, die es zu vermitteln gilt.

Der Begriff der emotionalen Kompetenz impliziert die Fähigkeit des emotionalen Erlebens der Welt, der Wahrnehmung und des Umgangs mit den eigenen Gefühlen und schließlich die Fähigkeit der Empathie.

Eng miteinander verbunden liegt die Basis der Entwicklung jener Kompetenz in der Wahrnehmung der eigenen Gefühle. Nur wenn das

Kind seine Gefühle wahrnimmt, kann es diesen entsprechend handeln, mit diesen umgehen und sie an anderen erkennen. Es muss somit ein Bewusstsein der eigenen Emotionen vorweg gehen, welches durch die Spiegelung der Emotionen der Eltern bereits im Säuglingsalter seinen Anfang findet.

Gleichzeitig gilt es zu lernen, Emotionen als positiv zu erachten, als Teil des Selbst. Gefühle resultieren oftmals nicht aus der Wut auf andere, sondern aus der Wut auf mich selbst, darauf, dass mir Dinge nicht gelungen sind.

Beispiel
Conny, 5 Jahre, möchte mit den anderen Kindern spielen. Sie schließt sich einer Gruppe mit vielen jüngeren Kindern an und gibt daher die Spielregeln vor. Die anderen Kinder überstimmen sie allerdings und spielen nach ihren eigenen Regeln. Conny beschimpft die Kinder, wird sogar handgreiflich und möchte anordnen, nach ihren Regeln zu spielen. Doch die anderen Kinder spielen nach ihren Regeln weiter und schließen sie aus dem Spiel aus.

Conny ist vollkommen wütend, weint und beschwert sich. Die Fachkraft gibt den anderen Kindern recht und weist Conny darauf hin, dass sie mitspielen möchte und sich dann den Regeln entsprechend anpassen müsse. In ihrer Wut schreit sie los und beschimpft die Fachkraft. Diese fragt sie, ob sie sich mal zu ihr setzen möchte. Als sie kommt, breitet sie die Arme aus und hält sie.

Connys Wut richtet sich nicht gegen die Kinder oder die Fachkraft, sie ist wütend, weil sie ihren Willen nicht bekommt und so nicht mit den anderen Kindern spielen kann, was ihr eigentlicher Wunsch ist.

Die Fachkraft zeigt ihr mit der Umarmung und dem Kontaktwunsch, dass es ok ist, sauer zu sein, und dass sie trotzdem liebenswert ist. Sie begleitet sie durch die Wut und schenkt ihr Beistand.

Nach einiger Zeit löst sich Conny aus der Umarmung und integriert sich in ein Spiel mit anderen Kindern.

Umgang mit Emotionen

Fachkräfte bieten eine vorbildhafte Darstellung des Umgangs mit Gefühlen an, die sie den Kindern vermitteln. Dabei ist es besonders wichtig, dass Kinder Emotionen an Erwachsenen wahrnehmen und ihren Umgang damit erleben. Auch Fachkräfte dürfen sauer sein, sie dürfen traurig sein, sie dürfen albern sein! Übermäßige Freude ist dabei genauso bedeutend wie Trauer. Das Kind muss Emotionen sehen, bemerken und spüren, um sie wahrzunehmen und zu einem Umgang damit zu finden.

> **Beispiel**
> Die Fachkraft hat einen Trauerfall in der Familie und kommt entsprechend betrübt in die Einrichtung. Es ist in Ordnung, die Trauer zu zeigen und sie nicht mit (gespielt) guter Laune zu überfrachten. Sie darf den Kindern erzählen, dass es ihr gerade nicht so gut geht und sie traurig ist. Dass es nicht schlimm ist, traurig zu sein, aber dass sie heute vielleicht nicht so viel lacht wie sonst.

Kinder dürfen ihren Emotionen, zu denen auch Wut und Aggression gehören, freien Lauf lassen. Gerade hierbei ist es wichtig, das Kind in seiner Emotion zu begleiten und mit ihm gemeinsam einen Umgang zu finden. Wut und Aggression als gesellschaftlich sanktionierte Emotionen sollen oft unterdrückt werden. Doch ohne den Umgang mit diesen heftigen Gefühlen erlernt zu haben, gelingt dem Kind keine eigene Steuerung.

Es ist daher vonnöten, es mit Anleitung zur Autonomie zu begleiten. Horchen Sie als Fachkraft gemeinsam mit dem Kind in seine Gefühlswelt hinein und schauen Sie, woher die Emotion kommt. Zeigen Sie Verständnis und geben Sie dem Kind die Möglichkeit, die Emotion bestmöglich rauszulassen, ohne dass es sich schädlich für andere Personen, Objekte oder das Kind selbst auswirkt. Wenn Kinder lernen, dass es einen Weg, einen Ort und eine Möglichkeit gibt, Emotionen auszuleben, gelingt ihnen das Aushalten oder Kanalisieren viel besser.

> **Beispiel**
> Wenn Conny sich in den Armen der Fachkraft beruhigt hat, fragt die Fachkraft sie, was sie denn so sauer gemacht habe. Conny erzählt, dass sie die Regeln besser kenne und die Kinder auf sie hören sollten. Die Fachkraft erklärt, dass Conny die Möglichkeit habe, nach ihren Regeln zu spielen, dann jedoch mit anderen Kindern oder allein. Wenn es ihr wichtiger wäre, mit den Kindern zu spielen, müsse sie sich wohl an die Regeln halten.

Die Entwicklung der emotionalen Kompetenz ist der Grundstein einer erfolgreichen Entwicklung und für das Heranreifen des Kindes eine unumgängliche Fähigkeit. Die Entwicklung des Kindes ist geprägt von Neugierde, Spannung, Scheu vor Neuem, Albernheit und Niederlage. Jedes dieser Verhaltensmerkmale hält verschiedene Emotionen bereit, welche das Kind situationsabhängig ausleben dürfen sollte. Dabei müssen Neugierde und Spannung ausgehalten, Scheu überwunden, Albernheit gemäßigt und Niederlagen ertragen werden. Für das Kind bedeutet das nicht nur, Kenntnis von den eigenen Gefühlen zu erlangen, sondern darüber hinaus abzuwägen, in welcher Situation welches Maß an Gefühlen gelebt werden kann.

So lernt das Kind, dass es unangebracht ist, auf einer Trauerfeier albern zu sein, weil hier Trauer verarbeitet wird. Weiter lernt es nicht nur, wie sich Scheu anfühlt, sondern auch, wann Scheu aufhaltend wirken darf und wann und wie sie überwunden werden kann. Und schließlich lernt das Kind mit Grenzen und Niederlagen umzugehen und neue Wege auszuloten.

Wichtig ist mir zu sagen, dass Emotionen nie falsch sein können. Emotionen drücken Bedürfnisse aus und sollten sich somit im Einklang mit der eigenen Person und den gesellschaftlichen Regeln einpendeln. Dafür ist es nötig, den Umgang mit ihnen wie mit allen Bedürfnissen im gesellschaftlichen Rahmen zu üben.

Gefühle sind persönlich!

Emotionen sind etwas sehr Persönliches und individuell in ihrer Empfindung, in ihrem Auftreten und ihrer Intensität. Jedes Gefühl sollte der Respekt gezollt werden, den es verdient. Fachkräfte dürfen Kindern keine Gefühle absprechen. Kein anderer kann Gefühle beurteilen außer dem, der sie fühlt! Sollte der Gefühlsausbruch nicht in den Kontext der Umwelt passen, achten Sie darauf, dass Sie den Kindern ihr Gefühl nicht absprechen, sondern dass Sie ihnen erklären, warum es gerade unangebracht ist.

Beispiel
»Das war nicht schlimm, da muss man nicht weinen!«
   Besser: »Ich verstehe, dass du traurig bist! Was könnte dich denn freudig stimmen?«
»Nun stell dich doch nicht so an!«
   Besser: »Was hindert dich daran, das zu tun? Warum möchtest du das nicht?«
»So lustig war es nun auch nicht, jetzt beruhige dich mal!«
   Besser: »Ich fand es auch sehr lustig und es freut mich, dass du es so lustig findest, aber nun lass uns mal weitermachen!«

Gestehen Sie Kindern jedes Gefühl zu! Nur auf diese Weise empfinden Kinder Gefühle und bekommen ein Gespür für das Ausmaß ihrer Gefühle. Es ist sehr wichtig, dass Kinder auch die Stärke ihrer Emotionen kennenlernen, da sie ein wichtiger Helfer im alltäglichen Leben sind. Viel mehr als Wissen leiten uns Gefühle! Nur wenn Menschen gelernt haben, ihre Gefühle wahrzunehmen und ihnen zu vertrauen, können sie ihnen nachgehen. Das allseits bekannte Bauchgefühl ist nicht jedem bewusst, nicht jeder kann es wahrnehmen und danach entscheiden. Jedoch ist gerade dieses Gefühl sehr wichtig, weil es Menschen zur Einschätzung von Situationen verhilft, vor Gefahren warnt und bei Entscheidungsfindungen den Weg wählt, mit dem sich das Individuum am besten, sichersten und wohlsten fühlt – und das ist zu jeder Zeit der richtige.

Zusammenfassend lässt sich festhalten, dass die emotionale Kompetenz die wichtigste Fähigkeit im Entwicklungsprozess ist, für Kinder wie für Erwachsene:
- Sie weist uns den Weg.
- Sie lässt uns Menschen und Situationen einschätzen.
- Sie sichert den Glauben an unsere eigenen Fähigkeiten.
- Sie lässt uns mit Gefühlen umgehen.

– Sie gibt uns die Sicherheit, dass jeder Weg, jede Entscheidung zu jeder Zeit die richtige ist.

7 Was es nicht ist … – Grenzen des Kids-Coachings

Ein Coach wird selten in Situationen aufgesucht, in denen alles rund läuft. Vielmehr hilft Coaching, um mit Konflikten, Hindernissen oder Schwierigkeiten umzugehen. Es ist jedoch ein Prozess, der zu jeder Zeit eine Bereicherung für die Lebensführung darstellt und wohltuend sein kann.

So steht Kids-Coaching nicht nur für den Umgang mit Problemen oder wird als Eingliederung auffälliger Kinder genutzt, sondern ist vielmehr ein Prozess, der jedes Kind bereichert, auch ohne dass Schwierigkeiten vorliegen. Kids-Coaching ist keine Therapieform zum Ausgleich von Auffälligkeiten, die auf einer psychischen oder physischen Beeinträchtigung basieren. Begleitend kann es zwar für Kinder mit einer körperlichen oder geistigen Beeinträchtigung genutzt werden, kann jedoch zu keiner Zeit therapieersetzend wirken.

Kids-Coaching ist nicht nur für die Arbeit mit Kindern nützlich. Die Coaching-Tools ermöglichen einen neuen Blick auf unsere Mitmenschen und können das Zusammenleben dadurch erleichtern. Daher ist es keine reine Methode für die Arbeit mit Kindern. Vielmehr können Fachkräfte die Grundlagen auch für ihre Arbeit im Team und mit den Eltern nutzen (siehe Teil 4).

8 Warum Kids-Coaching heute in jede Betreuungseinrichtung gehört

8.1 Der Auftrag pädagogischer Arbeit

Der Auftrag pädagogischer Arbeit besteht in der Vorbereitung des Kindes auf die Teilhabe an der Gesellschaft. Wenn das Kind den Anforderungen der Gesellschaft gewachsen ist, wenn es befähigt ist, sich in das Leben einzugliedern und sich im individuellen Gleichgewicht zwischen sozialen Ansprüchen und persönlichen Bedürfnissen befindet, hat pädagogische Arbeit ihr Soll erfüllt.

Bewusst spreche ich vom individuellen Gleichgewicht, da jeder Mensch die gesellschaftlichen Regeln anders empfindet: So können sich gesellschaftliche Regeln mit persönlichen Bedürfnissen durchaus decken. Ebenso können andere Regeln als sehr einschränkend wahrgenommen werden.

Die pädagogische Arbeit stellt heute die Persönlichkeit in den Fokus. Dank persönlicher, individueller Anteile sind Menschen mehr als nur soziale Rollen im gesellschaftlichen System. Soziale Rollen werden durch persönliche Anteile ausgeschmückt, gelebt und weiterentwickelt. Die Variabilität und Entwicklung der Rollen flexibilisiert darüber das Gesamtsystem und entwickelt es weiter. Doch beinhaltet das Einbringen der persönlichen Anteile immer ein Ausloten dessen, was im Rahmen der Rolle möglich ist und fordert die oben genannte Kompetenz des Umgangs mit Niederlagen und Abweisungen.

Selbstbewusstsein, Selbstwahrnehmung und emotionale Kompetenz sind unabdingbare Fähigkeiten, um sich in sozialen Rollen einzufinden und in diesen im Einklang mit den eigenen persönlichen Anteilen zu leben.

Die Betreuungseinrichtung stellt den gesellschaftlichen Raum dar, in dem Kinder die genannten Fähigkeiten ausprobieren und üben können. Nach dem System Familie ist die Betreuungseinrichtung das so genannte zweite Sozialisationsfeld (Sozialisation meint hier die soziale Entwicklung des Menschen).

Da das Kind in das System Familie hineingeboren wird, werden Familienregeln wie mit der Muttermilch eingesogen, ohne groß erlernt zu werden. Zusätzlich ist der familiäre Raum im Normalfall ein sicher geschützter Raum, indem Regeln mit dem sicheren Rückhalt und Vertrauen der Eltern erprobt und ausgetestet werden.

Anders ist es in der Betreuungseinrichtung. Hier ordnen sich Kinder in ein bereits bestehendes System ein, welches von anderen, anfänglich vollkommen fremden Menschen gelebt wird.

Stehen die Bedürfnisse des Kindes im Familienleben mit an erster Stelle, muss das Kind in der Betreuungseinrichtung lernen, Bedürfnisse zu äußern oder auch zurückzustellen. Gleichzeitig wird der Tag durch neue Ordnungspunkte geregelt: Dem haben sich auch körperliche Bedürfnisse entsprechend der Tagesstruktur unterzuordnen (z. B.:

feste Essenszeiten, Schlafzeiten etc.). Wieder neue Regeln sind beim Übergang in die Grundschule zu erlernen und zu beachten.

Diese Regeln sind notwendig, damit das gesellschaftliche Miteinander in der Betreuungseinrichtung bzw. in der Klasse funktioniert. Für das Kind ist diese Eingewöhnung in eine neue Struktur eine große Herausforderung. Das Ausloten der eigenen Bedürfnisse gegenüber den Regeln des gesellschaftlichen Miteinanders birgt Herausforderungen und Niederlagen.

8.2 Kids-Coaching in der Betreuungseinrichtung

KIDS-COACHING stärkt die Persönlichkeit des Kindes im gesellschaftlichen System, daher ist es für die pädagogische Arbeit in jeder Betreuungseinrichtung von besonderer Bedeutung.

Gleichzeitig bietet die Betreuungseinrichtung durch den vertrauten und liebevollen Umgang der Fachkräfte mit dem Kind einen Schutzraum, um gesellschaftliche Regeln kennenzulernen und einen Umgang mit diesen zu finden. Bereits während der Eingewöhnung wird eine vertrauensvolle Beziehung zum Kind aufgebaut, die ihm größtmögliche Sicherheit schenkt, sich im gesellschaftlichen Geschehen auszuprobieren.

Die Betreuungseinrichtung bietet quasi automatisch Entwicklungsaufgaben, die ohne künstliche Aufbereitung auf das Leben in der Gesellschaft vorbereiten.

> **Beispiel**
> Lena spielt das Baby im Rollenspiel. Nach mehrmaligem Spielen ändert sie ihre Rolle und spielt nicht mehr das Baby.

Auch Erwachsene verschaffen sich in einem neuen System einen Einblick in die gesellschaftlichen Regeln und passen sich an. Wenn sie sich sicher im System fühlen, verändern sie die Regeln.

> **Beispiel**
> Tina weiß nicht, wie sie für den Erdkundeunterricht lernen soll. Die im Buch genannten Vogelarten kann sie einfach nicht auseinander halten.

Erwachsene müssen Aufgaben lösen und sich dazu neue Lösungswege überlegen. Wie oft funktioniert Weg A nicht und auch Erwachsene müssen weitere Wege ausloten!

> **Beispiel**
> Conny darf nicht mitspielen, weil sie die Regeln nicht beachtet.

Auch Erwachsene müssen gesellschaftliche Regeln beachten, um sich in Gruppen einbringen zu können.

Lernt das Kind altersgemäße Entwicklungsaufgaben erfolgreich zu lösen, gelingt es ihm folgerichtig auch als Erwachsenem die Lebensaufgaben erfolgreich zu lösen. Dies heißt nicht, dass das Leben als Erwachsener nur noch voller Erfolge sein wird, jedoch werden Niederlagen nicht als persönliche Schwäche betrachtet, sondern der Erwachsene kann auch mit Niederlagen emotional kompetent umgehen. Um als Erwachsener erfolgreich mit Niederlagen umgehen zu können, die eigenen Fähigkeiten zu kennen und gezielt einzusetzen sowie sich selbst zu managen, ist es wichtig, in seiner Entwicklung Möglichkeiten gehabt zu haben sich darin zu üben. Die Betreuungseinrichtung schenkt genau diese Möglichkeiten. Gleichzeitig wird über Partizipation die gesellschaftliche Teilhabe der Kinder geübt, welche für die Autonomie und die Weiterentwicklung der Gesellschaft unabdingbar ist.

9 Gewinn für Kinder *und* Fachkräfte

KIDS-COACHING ist nicht nur eine persönlichkeitsstärkende Methode für Kinder, sondern schenkt ebenso Erleichterung für pädagogische Fachkräfte. Dies in zweierlei Hinsicht: Zum einen erleichtert die neue Sichtweise des KIDS-COACHINGS die Arbeit der Fachkräfte. Zum anderen schenkt sie einen neuen Blick auf die eigene Person und stärkt die eigene Persönlichkeit ebenso, wie es auf die Stärkung der Persönlichkeit der Kinder zielt.

9.1 Erleichterung für die pädagogische Arbeit

KIDS-COACHING steht für die individuelle Arbeit mit jedem Kind. Was anfänglich sicher nach mehr Arbeit klingt, ist auf lange Sicht als

Arbeitserleichterung einzuschätzen. Heute wird individuelle Arbeit oft im Gegensatz zur Gruppenarbeit verstanden. Aus Sicht des KIDS-COACHINGS steht individuelle Arbeit für den individuellen Weg in den Gruppenprozess.

> **Beispiel**
> Wenn Moritz mit drei weiteren Kindern den Tisch decken soll, freut er sich immer sehr. Die anderen Kinder beschweren sich jedoch, weil Moritz die Arbeit stets stört. Entweder hilft er nicht und quatscht nur oder er verzählt sich bei der Anzahl des Bestecks, sodass die anderen Kinder noch einmal hinterher decken müssen.

Sicherlich wäre es einfacher, Moritz vom Tischdecken auszuschließen oder zu sagen, dass er dies allein machen müsse, wenn er stört. Doch das wird nicht im Sinn von Moritz sein. Da er sich freut, mit den anderen Kindern zu decken, sollten Fachkräfte schauen, wie es Moritz besser gelingen könnte:
- Die Aufgaben aufsplitten: Moritz nimmt nur die Gabeln.
- Vorab noch einmal die Anzahl des Bestecks mit den Kindern, inklusive Moritz, durchgehen.
- Vielleicht hilft es auch, Moritz öfter in einer Kleingruppe arbeiten zu lassen, da er das sehr genießt und entsprechend viel erzählt.

Ebenso ist das Erkennen von positiven Verhaltensabsichten und -zielen eine zeitaufwändige Herausforderung. Es erfordert Beobachtung, Rücksprache im Team und das Schaffen neuer Situationen. Der Gewinn daraus erleichtert dafür die langfristige Arbeit mit dem Kind und im Gruppenprozess.

> **Beispiel**
> Laura, fünf Jahre, stört die Essenssituation an ihrem Tisch fast jeden Tag. Sie albert beim Essen rum, spielt mit dem Essen und ärgert die anderen Kinder. Wenn sie dies tut, hat sie die volle Aufmerksamkeit der Kinder. Wenn sie sich wie die anderen Kinder verhält, beachten sie die anderen Kinder nicht besonders.
> Die Fachkraft fragt Laura, ob sie die Aufgabe des »Tischaufpas-

sers« übernehmen möchte. Sie achtet darauf, dass die Kinder an die Essenstöpfe herankommen, fragt, ob alle Kinder etwas zu trinken haben und kommt so über das Essenverteilen mit den Kindern in Kontakt. So hat sie viel Aufmerksamkeit, ohne dass sie sich und andere beim Essen stört.

KIDS-COACHING hilft einen neuen Blick auf die Kinder zu gewinnen. Kinder, die häufig stören und mehr durch destruktives Sozialverhalten auffallen als durch konstruktives, machen es Fachkräften nicht leicht, ein positives Bild des Kindes zu wahren. Es ist menschlich, kurzzeitig genervt zu sein oder eine gewisse Resignation zu verspüren. Genau dann hilft KIDS-COACHING! Indem sie versuchen, das Verhalten des Kindes zu verstehen, betrachten Fachkräfte die Umstände, in denen sich das Kind verhält. Sie trennen damit die Persönlichkeit des Kindes von seinem gezeigten Verhalten und verschaffen sich die Möglichkeit, das Kind aus einer anderen Perspektive wahrzunehmen. Zusätzlich sollten Fachkräfte auch betrachten, was dieses Verhalten mit ihnen macht und was das Kind eigentlich in ihnen bewirken möchte. Am Beispiel von Laura ist es sicherlich nicht so, dass Laura ihre Fachkraft ärgern möchte, vielmehr möchte sie Aufmerksamkeit und Wahrnehmung erzielen.

Wenn Ihnen als Fachkraft dieser Perspektivenwechsel gelingt, ist es leichter dem Kind neue Verhaltensmöglichkeiten anzubieten und einer Genervtheit entgegenzuwirken.

9.2 Ein neuer Blick auf die eigene Person!

KIDS-COACHING steht für einen Wechsel des Blickwinkels nicht nur auf die Kinder, sondern auch auf die eigene Person. Indem Sie beginnen die positive Absicht kindlichen Verhaltens zu ergründen, reflektieren Sie auch Ihr Verhalten unter diesen Gesichtspunkten. KIDS-COACHING basiert auf einem durchweg positiven Menschenbild, so wird sich auch Ihr Blick auf Sie und Ihre Arbeit verändern.

Wenn Sie Ihre Arbeit reflektieren, tun Sie dies nicht unter rein kritischem Gesichtspunkt. Ergründen Sie lieber, welche Verhaltensabsicht hinter einem ungebetenen Verhalten steckt und wie Sie diese Absicht zukünftig auf anderem Wege erreichen können.

Betrachten Sie sich als lernend und nehmen Sie sich den Druck, alles wissen zu müssen. Für Kinder sind Sie ein wesentlich spannenderer Begleiter, wenn Sie die Welt miteinander entdecken, und nicht, wenn Sie alle Fragen bereits beantworten können. Begeben Sie sich mit Kindern auf Entdeckungstour, auch ohne vorherige Vorbereitung. Wenn Sie an einen Punkt kommen, an dem Sie und die Kinder nicht weiter wissen, überlegen Sie sich, was Ihnen wie weiterhelfen könnte.

> **Beispiel**
> Die Lehrerin macht mit ihrer Klasse eine Exkursion in den Wald. Gemeinsam schauen sie sich verschiedene Bäume und Vögel an. An der einen oder anderen Stelle haben Schüler Fragen zu Pflanzen und Tieren, welche die Lehrerin nicht beantworten kann. Sie gibt die Aufgabe, die unbeantworteten Dinge abzufotografieren und in Büchern oder im Internet nachzuschlagen, worum es sich handelt.

Sich als Lernender zu verstehen, ist die Basis für eine Arbeit auf Augenhöhe. Dabei sehen Kinderaugen die Welt oft ganz anders als wir Erwachsenen und wir können dabei mindestens so viel von ihnen lernen wie sie von uns.

Teil II: Coaching-Tools im KIDS-COACHING

Jedes Kind hat seine eigene Landkarte.

Nachdem im ersten Teil die Herleitung, die Grundlagen und das Konzept von KIDS-COACHING erklärt wurden, werden jetzt die Tools, ihre Anwendung und ihr Ziel im Entwicklungsprozess vorgestellt.

Jeder Entwicklungsprozess birgt seine individuellen Herausforderungen und Aufgaben. Um ihnen standzuhalten, ist es vonnöten, sich seiner Ressourcen, Fähigkeiten und Kräfte bewusst zu werden. Im KIDS-COACHING werden hierfür vielfältige Tools angewendet, um gemeinsam mit dem Kind eine umsetzbare Lösung für die gestellte Entwicklungsaufgabe zu finden oder eine Verbesserung der Lebenssituation zu ermöglichen. Es ist keine Coaching-Ausbildung erforderlich, um solche Hilfestellung mit Leichtigkeit in die pädagogische Arbeit einfließen zu lassen.

1 Landkarte

Als Landkarte wird im Coaching die eigene persönliche Weltsicht eines jeden Menschen beschrieben. Davon ausgehend, dass jeder Mensch selektiv wahrnimmt, wird eine je individuelle Sicht der Welt erschaffen. Durch unbewusste Wahrnehmungsfilter kann das Individuum lediglich 2 % der dargebotenen 100 % an Wahrnehmungsreizen bewusst aufnehmen und verarbeiten. Die Wahrnehmungsfilter setzen sich aus persönlichen Erfahrungen, sozialen Regeln und Glaubenssätzen zusammen.

Das heißt für die Wahrnehmung eines Individuums: Diese ist durch persönliche Erfahrungen sowie durch Leitlinien der Erziehung und Gesellschaft geprägt und kann dementsprechend kein objektives Bild der Welt erschaffen. Jede Wahrnehmung ist subjektiv, individuell und für kein anderes Individuum zu 100 % nachvollziehbar. Der allseits bekannte Spruch »Man kann den Menschen nur vor den Kopf gucken« beschreibt das Phänomen: Es ist nicht möglich dem Menschen in den Kopf zu schauen, die Beschreibung dessen, was ein Individuum wahrnimmt, ist ebenso subjektiv wie die Wahrnehmung an sich. Es kann lediglich eine bestmögliche Übereinstimmung geschaffen werden zwischen dem, was das Individuum wahrgenommen hat und der objektiven Wahrnehmung.[1]

---

[1] Der Konstruktivismus beschreibt diese Erkenntnisse.

> **Beispiel**
> Kleine Übung im Team: Betrachten Sie jeder für sich 30 Sekunden lang ein und dasselbe Bild (Landschaft, Blick aus dem Fenster etc.). Danach tauschen Sie sich darüber aus, was Sie besonders hervorgehoben wahrgenommen haben und wie Sie die Stimmung des Bildes einschätzen.

Oft zeigt sich, dass trotz des gleichen Bildes der Fokus auf unterschiedlichen Merkmalen liegt. Gleichzeitig wird die Stimmung des Bildes unterschiedlich empfunden, da der eine beispielsweise dunkle Farben gemütlich findet, der andere findet sie kalt.

Weitere Beispiele, bei denen Meinung auseinander gehen:
- eine attraktive Person
- der perfekte Sommerurlaub
- Lob
- gute Zusammenarbeit
- Gestaltung von Liebesbeziehungen

1.1 Landkarte und Emotionen

Mir der subjektiven Wahrnehmung werden Emotionen verbunden, die auf Erfahrungen aus anderen Situationen übertragen werden können und deren Darstellung ebenfalls einfärben. In ihrer Möglichkeit, die Wahrnehmung eines anderen nachvollziehen zu können, sind Individuen ebenso individuell geprägt wie bei der Wahrnehmung des Gegenübers. Dementsprechend wird die von Person A beschriebene Situation durch Wahrnehmungsfilter von Person B geschleust, die wiederum die Situation von A für B vollkommen anders aussehen lässt. Daher erfährt die selektive Wahrnehmung eine besondere Bedeutung, wenn sie von Emotionen begleitet wird.

> **Beispiel**
> Maren und Tom spielen ein Brettspiel. Als Tom Maren auf die Spielregeln hinweist und ihr erklärt, wie sie eher gewinnen könnte, wird Maren sauer und bricht in Tränen aus. Maren hat das Gefühl, ständig von anderen Kindern zurechtgewiesen zu werden. In ihrer Landkarte scheint dieses Bild von sich verankert zu sein, sodass sie wie auto-

matisch darauf reagiert, ohne zu reflektieren, ob Tom es auf diese Weise meinte. Der meinte es in diesem Fall eher gut mit Maren und wollte sie unterstützen.

1.2 Unsere Wahrnehmung strebt nach Vollkommenheit

Unsere Wahrnehmung strebt immer nach der Vollkommenheit unseres Weltbilds (Landkarte). So nehmen wir uns bekannte Inhalte eher wahr als Reize, die nicht in unser Weltbild passen.

Beispiel
Kinder, die für sich spielen, fühlen sich allein.
Jungen sind wilder als Mädchen!

Ohne bewusst darüber nachzudenken, wird die Welt nach vorgeprägten Mustern wahrgenommen. Fachkräfte, die Jungen für wilder halten als Mädchen, werden Jungen auch ebenso wahrnehmen.

Für KIDS-COACHING ist das Wissen um die individuelle Landkarte eines Menschen sehr wichtig. Mit diesem Wissen können Missverständnisse vermieden, Anregungen und Anleitungen gezielt angeboten und es kann eine wertschätzende Beziehung gelebt werden. Ansichten und Verhalten von Kindern werden damit nicht mehr als zufällig oder wahllos wahrgenommen, sondern als in ihre Landkarte passend. Wenn Bezugspersonen ein anderes Verhalten wünschen, müssen sie die Landkarte des Kindes erweitern und gemeinsam einen neuen Weg einzeichnen. Landkarten sind begrenzt und können durch aktives Wahrnehmen, neue Eindrücke und Wege erweitert werden. Fachkräfte sollten Kindern die Möglichkeit schenken, ihre Landkarte vielseitig auszubauen. Dies gelingt, indem Kinder sich in verschiedenen Rollen ausprobieren können, vielfältige Entdeckungs- und Bildungsräume erkunden und Fachkräfte als Vorbilder für Verhalten fungieren.

1.3 Die Landkarte gibt Sicherheit

Die Landkarte gibt jedem Kind Sicherheit im Land des Lebens – die Landkarte ist sein sicheres Territorium, in dem es jeden Abschnitt kennt und sich sicher bewegen kann. Daher sollten Fachkräfte mit Kindern stets neue Wege ergründen, nicht alte Wege kritisieren.

> **Beispiel**
> Im Team tauschen sich Fachkräfte über ein verhaltensauffälliges Kind aus. Petra sagt, sie finde, dass Marion falsch mit dem Kind umgeht. Marion fühlt sich vor den Kopf gestoßen, da sie sich in ihren eigenen Augen richtig verhält.
> Besser wäre es, wenn Petra Marion fragen würde, mit welcher Absicht sie sich so verhalten hat. Petra würde damit Offenheit zeigen für Marions Landkarte, könnte Verständnis entwickeln, und mit Marion neue Wege erkunden.

Fachkräfte sollten die Landkarte ihres Gegenübers wahrnehmen und respektieren. Da die Landkarte Sicherheit gibt, kann nicht wertschätzende Kritik Unsicherheit und Verwirrung auf dem Weg des Lebens bescheren. Durch gezielte Fragen können Fachkräfte die Landkarte der Kinder (oder Mitarbeiter) bestmöglich nachvollziehen lernen und können dementsprechend sehr individuell darauf eingehen. Die klassischen W-Fragen (Wer, wo, wie, was, wann, warum ...) dienen dabei als Grundlage.

2 Fragen

Fragen werden als Tool zum Erreichen von verschiedenen Zielen genutzt: Allgemein dienen sie dem besseren Verständnis des Kindes und dem Einblick in seine individuelle Landkarte. Auf diese Weise kann Verständnis für ein bestimmtes Verhalten, eine Verhaltensabsicht und das angestrebte Ziel aufgebaut werden. Durch die bekannten W-Fragen kann ein Grundlagenwissen geschaffen werden, welches durch gezielt vertiefende Fragen erweitert werden kann. Zum Beispiel kann die Frage »Warum hast du das gemacht?«, ergänzt werden durch »Für wen hast du das gemacht?«, »Was wolltest du damit erreichen?«, »Warum hast du es auf diese Weise gemacht?«. Die Fragen dienen der spezifischeren Prüfung und geben einen differenzierten Einblick in Handlungen.

Oft können durch gezieltes Nachfragen Ziele und Motive benannt werden, die hinter dem zuerst genannten Ziel liegen.

> **Beispiel**
>
> Simon, 5 Jahre, hat einen Streit mit Michael, 5 Jahre. Simon hat Michaels Schuhe versteckt und schmeißt seine Jacke in die Ecke. Michael ist wütend und sucht seine Sachen zusammen. Während er die Jacke sucht, schmeißt Simon den Schal von Michael durch die Gegend.
>
> Als die Fachkraft kommt und fragt, warum Simon dies tue, sagt er, dass er nicht möchte, dass Michael sich anzieht und in den Garten geht. Die Fachkraft fragt weiter, warum er das nicht wolle? Nach einigen weiteren Fragen stellt sich raus, dass Simon Angst hat, dass Michael draußen mit anderen Kindern spielt und ihn nicht beachtet.

Es ist notwendig Handlungen und Motive gezielt und differenziert zu hinterfragen. Diese Fragen dienen nicht nur der besseren Nachvollziehbarkeit von Handlungen, sondern ermöglichen dem Kind eine intensive Auseinandersetzung mit seinen Taten. Indem Sie gezielt nachfragen, fördern Sie das Nachdenken über Motive und Handlungen. Auf diese Weise setzen Sie einen Reflexionsprozess in Gang und unterstützen das Kind dabei. Besondere Bedeutung hat es, dass Sie wertschätzend, vertraut und empathisch auf das Kind und sein Verhalten reagieren. Wenn Fachkräfte Verhalten verurteilen, Handlungsmotive abwerten oder das Kind dafür sanktionieren, verspielen sie Vertrauen. Sollte das Kind sich vor Konsequenzen ängstigen oder Abwertung verspüren, wird es sich Ihnen gegenüber nicht öffnen. Es ist viel wichtiger, dass Sie wahrnehmen, dass das Kind ehrlich Ihnen gegenüber war.

Durch die Frage »Was könntest du alternativ tun?« oder am Beispiel oben »Was könntest du denn tun, damit du keine Angst haben musst, dass Michael dich draußen nicht beachtet?« fordern Sie das Kind zusätzlich auf, sich mit alternativen Lösungswegen auseinanderzusetzen.

3 Der systemische Blick

Der systemische Blick beinhaltet, das Kind stets als Teil eines Systems und sein Verhalten dementsprechend zu betrachten. Kinder sind zu jeder Zeit Teil eines oder mehrerer Systeme. Systeme sind soziale

Konstrukte von unterschiedlicher Größe und Personenzahl. Sie sind als Geflechte zu betrachten, welche durch Beziehungen in Zusammenhang stehen. Dabei müssen diese Beziehungen nicht persönlicher Natur sein, sondern können in rein gesellschaftlichen Verbindungen bestehen. So kommen Schüler im System Schule zusammen, ohne dass jeder mit jedem eine persönliche Beziehung hat. Doch jeder ist durch gesellschaftliche Verknüpfungen miteinander in Verbindung.

Jedes System hat seine individuellen Regeln und Normen, die es zusammenhalten. Die Regeln unterscheiden sich in den unterschiedlichen Systemen nicht nur, sondern können sich gegenseitig sogar ausgrenzen oder widersprechen. Für das Kind birgt das Einhalten der systemabhängigen Regeln eine große Herausforderung; es gilt verschiedene Ansprüche unter einen Hut zu bringen. So haben Jugendliche Schwierigkeiten, dem »Coolsein« der Freunde zu entsprechen und gleichzeitig den Ansprüchen der Eltern als »braves Kind« gerecht zu werden. Das Verhalten eines Kindes wird demnach nicht ausschließlich für sich betrachtet, sondern stets im Zusammenhang mit dem Gegenüber – im System. Ein Verhalten strebt dabei immer ein Ziel an, enthält eine positive Absicht und kann durch den Widerspruch, den es in einem anderen System auslöst, unangemessen erscheinen.

> **Beispiel**
> Nicht selten fallen Jugendliche durch eine übermäßig aufgesetzte »coole Art« auf, die gerade Erwachsene als nervig empfinden. Im System der Clique, unter Jugendlichen, macht dieses Verhalten jedoch Sinn und erfüllt den Zweck des Systems.

Kinder durchblicken die verschiedenen Systeme und Regeln noch nicht in ihrer Gänze, erkennen mögliche Grenzen noch nicht, die für das eine System gelten, für ein anderes aber nicht. Ihr Erfahrungsprozess geht einher mit dem sozialen Lernen, dem Erkennen der sozialen Regeln in einer Gruppe, der Abgrenzung der Gruppen untereinander und der Rollenvielfalt, die es zu »handlen«[2] gilt.

---

2 *Handlen* steht für »regeln«.

> **Beispiel**
> Ein häufiges Beispiel ist das unterschiedliche Verhalten von Kindern im Elternhaus und in der Betreuungseinrichtung. Wie oft sagen Eltern: »Zu Hause macht er das nicht!«. So auch Timo, der wegen seines lauten Schreiens in der Betreuungseinrichtung sowie durch Handgreiflichkeiten und stetige Konflikte auffällt.

Beim KIDS-COACHING hilft der systemische Blick der Nachvollziehbarkeit und dem Verständnis. An diesem Beispiel: Wenn Timo in der Betreuungseinrichtung ein Verhalten zeigt, welches er zu Hause nicht an den Tag legt, wird er mit diesem Verhalten ein Ziel im System Betreuungseinrichtung verfolgen, welches er zu Hause auf anderem Weg erreicht. In diesem Fall sollte gemeinsam mit den Eltern die Position des Kindes in der Gruppe betrachtet werden. Scheinbar benötigt Timo das laute Dasein, um sich bemerkbar zu machen, Aufmerksamkeit zu erlangen und sich durchzusetzen. Auch wenn das Verhalten für Eltern und Fachkräfte nicht nachvollziehbar ist, macht es doch einen Sinn. Es gilt die positive Absicht dahinter zu finden. Auf diese Weise können mit dem Kind andere Verhaltensweisen geübt werden, die ihm die Aufmerksamkeit bescheren, die es sucht. Dabei gilt es stets, das derzeitige Verhalten nicht stärker zu fokussieren als das gewünschte Verhalten.

Wenn die Bedingungen der verschiedenen Systeme betrachtet werden, wird im KIDS-COACHING nicht – wie in anderen Konzepten – der Blick auf die negativen Bedingungen gelegt. Vielmehr werden die Bedingungen ausfindig gemacht, welche das Verhalten positiv beeinflussen. So könnte es bei Timo sein, dass er sich an Tagen, in denen die Hälfte der Gruppe einen Ausflug macht, weniger auffällig verhält. Oder an Tagen, an denen er eine besondere Aufgabe erhält (Tisch decken, Frühstückswagen holen etc.). Es gilt also nicht, die negativen Faktoren der einzelnen Systeme zu betrachten, sondern vielmehr die positiven Faktoren, welche das gewünschte Verhalten begünstigen, herauszuarbeiten. Daraufhin können Fachkräfte und Eltern versuchen, die positiven Bedingungen, so oft es geht, einzurichten und Timo dadurch zu einem anderen Verhalten zu verhelfen.

Wichtig für das KIDS-COACHING ist es, die verschiedenen Systeme ebenso zu erkennen wie die Verhaltensabhängigkeit. Auf diese Weise können Sie als Fachkraft das Verhalten des Kindes besser einschätzen und die positive Absicht dahinter erkennen. Kritisieren Sie das Verhalten des Kindes dabei nicht, es verfolgt damit stets ein Ziel. Loten Sie lieber aus, wie es auf einem anderen Weg das gewünschte Ziel erreichen kann und arbeiten Sie präventiv.

4 Ressourcen aktivieren – Schatzsuche

Ressourcen sind Fähigkeiten, die in jedem Menschen vorhanden sind wie Schätze in einer Schatzkiste. Dabei sind sich die meisten Menschen ihrer Fähigkeiten gar nicht bewusst und nutzen sie eher unbewusst. So können Erfahrungen, die besondere Fähigkeiten verlangen, zu Selbstverständlichkeiten werden.

Denken Sie an Ihre besonderen Fähigkeiten! In welchen Situationen haben Sie von diesen bereits profitiert?

KIDS-COACHING basiert auf der Annahme, dass jedes Kind die Fähigkeiten in sich trägt, die es zur Bewältigung seiner Entwicklungsaufgaben braucht. Fähigkeiten sind so genannte Ressourcen, die in uns ruhen und zu gegebenem Anlass aktiviert werden können. Neue Situationen bringen oft Unsicherheiten und Befürchtungen mit sich. Gerade hier gilt es, sich seiner Ressourcen bewusst zu werden, sich Situationen ins Gedächtnis zu rufen, in denen jene Fähigkeit bereits erfolgreich genutzt wurde, die einem in der neuen Situation Sicherheit schenkt.

Gehen Sie mit den Kindern auf Schatzsuche! Mit Ihrer Unterstützung als Wegbegleitung begibt sich das Kind auf Schatzsuche und durchforstet Situationen in seinem Leben, in denen es die gesuchte Fähigkeit genutzt hat, die ihm für die neue Situation helfen wird. Ist der Schatz[3] gefunden, rückt dieser ins Bewusstsein. Durch Ausschmücken der gemeisterten Situation stärkt sich das Bewusstsein und das Wissen um die eigenen Fähigkeiten.

Für das KIDS-COACHING ist dieses Tool gewinnbringend und stärkend in der Entwicklung des Kindes. Viel zu selten fokussieren bereits

---

3 Ressource, Fähigkeit, Kompetenz.

Kinder ihre Stärken, üblich ist es, dass eher die Schwächen in den Vordergrund rücken. Dabei sind die Stärken um so viel wichtiger! Stärken ermöglichen uns Selbstsicherheit und Vertrauen ins Leben! Ganz gezielt können Sie als Fachkräfte die Ressourcensuche als Schatzsuche mit den Kindern nutzen. Sollte ein Kind Hemmungen haben oder Unmut neuen Situationen gegenüber äußern, überlegen Sie gemeinsam, wann es Situationen gab, in denen die vermisste Kompetenz vorhanden war.

Beispiel
Martina, 5 Jahre, hat Sorge vor dem ersten Schultag. Die Mutter erzählt der Fachkraft, dass sich Martina große Sorgen mache, da keine ihrer Freundinnen mit ihr in die gleiche Klasse geht und sie niemanden zum Spielen haben wird.

Die Fachkraft sucht in einer gemütlichen Atmosphäre das Gespräch mit Martina und fragt sie nach ihren Sorgen bezüglich des ersten Schultags. Sie fragt sie zusätzlich, ob sie schon mal so eine Situation wie den ersten Schultag hatte. Wenn Martina keine Situation einfällt, fragt die Fachkraft sie, ob sie sich noch an ihre erste Zeit im Kindergarten erinnern könne (oder daran, als sie zum ersten Mal zum Turnen ging/zu einem Kindergeburtstag o. ä.). Dabei nimmt die Fachkraft die Situation heraus, in der Martina sich sehr gut in ein neues Umfeld eingewöhnt hat und lässt Martina davon erzählen. Die Fachkraft fragt weiter nach, sodass Martina sich richtig in die Situation hineinfühlen kann und auch die Fachkraft ein Bild davon erhält. Dann fragt die Fachkraft Martina, was sie denn in dieser Situation besonders gut gemacht hat. Und weiter, wie sie das gemacht hat. Martina berichtet davon, wie sie auf die Kinder zugegangen ist, dass sie schnell ins Spiel gefunden haben etc. Martina benennt ihre Fähigkeiten und ruft sie in ihr Bewusstsein.

Je weiter Martina die Situation ausschmückt, indem die Fachkraft sie fragt, wie sich das angefühlt hat, dass die fremden Kinder nun mit Martina gespielt haben und wie sie sich dabei fühlte, desto größer wird das gute Gefühl, dass Martina beim Meistern einer neuen Situation bereits empfunden hat. Zum Abschluss spiegelt die Fachkraft Martina die von ihr genannten Fähigkeiten. Zusätzlich nutzt sie das

> Bild der Schatztruhe, indem sie Martina erzählt, dass jeder Mensch eine Schatztruhe für seine Fähigkeiten besitzt und nur Martina den Schlüssel hat. Sie soll alles, was sie gut kann, in diese Schatztruhe legen, damit sie ihre Schätze nicht vergisst.
>
> Die Fachkraft fragt Martina nun, ob sie Lust hat ein Bild von der Schule zu malen, auf dem sie genauso wie in der früheren Situation mit den Kindern spielt.
>
> Auf diese Weise wird Martinas Fähigkeit nicht nur ins Bewusstsein gerufen, sondern spielerisch bereits in die neue Situation übertragen. Die Landkarte des Kindes, die stets nach Vollkommenheit strebt, erweitert sich um die Vorstellung, dass sie in der Grundschule viele neue Freunde finden wird.

Sollte keine spezifische Kompetenz gesucht werden, nehmen Sie sich doch einmal Zeit für eine Fantasiereise mit einigen Kindern, in der Sie auf Schatzsuche gehen. Finden Sie heraus, welche Schätze das Kind hat, welche Fähigkeiten es besitzt, welche Erfolge es bisher schon erzielt hat.

Jedes Kind darf erzählen, was es besonders gut kann. Danach können Sie mit den Kindern Schatzkisten basteln, malen oder auf anderem Wege verbildlichen. Dieses sehr schöne Tool ist natürlich erst ab dem Vorschulalter möglich, da das Kind sich bewusst in Erinnerungen begeben muss. Es beschäftigt sich mit den schönen Dingen und Situationen im Leben und wird dadurch zur positiven Erfahrung an sich. Die gemeinsame Schatzsuche wirkt sich sowohl beziehungsstärkend als auch entspannend auf die pädagogische Arbeit aus!

5 Moment of excellence

Der *moment of excellence* schließt sich an die Schatzsuche an und dient als Fixierung erfolgreicher und schöner Momente. Der Ablauf des Tools: Ähnlich wie bei einer Fantasiereise wird ein besonders schöner und erfolgreicher Moment in Erinnerung gerufen und gedanklich ausgeschmückt. Die Farben werden intensiv wahrgenommen, der Geruch, die Geräusche und vor allem das hervorragende Gefühl in diesem Moment! Das Kind kann dabei beschreiben, wo es das tolle Gefühl in seinem Körper wahrnimmt (Bauch, Brust etc.) und wie es sich anfühlt.

Wenn das Kind ganz in diesem guten Gefühl angekommen ist, kann es geankert werden. Ankern ist nichts anderes, als das tolle Gefühl mit einem Handgriff, Symbol oder Wort zu verbinden, der bzw. das als Schlüssel dient, um wieder in den guten Gefühlszustand zurückzukehren. In Fortführung der Schatzsuche dient der Anker als Schlüssel, der die Schatztruhe jederzeit aufschließt. Dieses Tool hilft, sich seiner guten Gefühle bewusst zu sein und diese in herausfordernden Situationen zu nutzen. Gerade in aufregenden Situationen kann durch Abruf des guten Gefühls Zufriedenheit und Ruhe in die Situation einkehren und dem Kind die Sicherheit schenken, die es braucht.

> **Beispiel**
> Paula hat heute schlechte Laune. Sie quengelt den ganzen Tag herum, nichts kann man ihr recht machen. Die Fachkraft macht es sich mit Paula gemütlich und lädt sie zu einer Reise ein. Paula soll die Augen schließen und sich an einen ganz tollen Moment erinnern, in dem es ihr richtig gut ging. Die Fachkraft begleitet Paula in diesen tollen Moment, indem sie sie wie bei einer Fantasiereise nach Farben, Formen und Gefühl fragt. Ähnlich intensiv wie auf Schatzsuche begleitet die Fachkraft Paula in diesen guten Zustand. Je intensiver sich Paula in diesem Ort einfindet, umso stärker empfindet sie das gute Gefühl. Danach erklärt die Fachkraft, dass dieser Ort nun Paulas Traumland ist und dass es ihr hier immer gut geht. Wenn sie die Augen schließt, fühlt sie, dass sie wieder dort ist. Gemeinsam überlegen sich Fachkraft und Paula einen Schlüssel oder ein Passwort für diesen Ort. Paula beschäftigt sich am weiteren Nachmittag damit, den Ort aufzumalen und einen Schlüssel zu basteln.

Dieses Tool ist ein sehr schönes Erlebnis für Fachkräfte und Kinder. Viel zu oft beschäftigen Menschen sich mit den negativen Dingen des Tages. Sie fokussieren negative Erlebnisse eher als positive und nehmen »schwere« Gefühle (Trauer, Wut etc.) eher wahr. Wie bei der Schatzsuche legen Fachkräfte den Fokus im Gegenteil auf tolle Ereignisse im Leben des Kindes.

Fantasiereisen eignen sich ebenfalls als Projektarbeit für die ganze Gruppe. Indem Fachkräfte die Kinder einladen, gemeinsam einen tollen Ort gedanklich zu suchen, schaffen sie eine gute Gruppenerfahrung. Die Kinder können sich darüber austauschen oder mit kreativen Materialien gemeinsam ihre schönen Erlebnisse aufarbeiten. So können Kinder den Ort malen oder basteln, einen Schlüssel anfertigen o. ä.. Durch mehrmaliges Erinnern oder Wiederholen wird der Ort im Bewusstsein gestärkt und kann in Momenten der Trauer oder des Unwohlseins gedanklich aufgesucht werden und Entspannung bieten. Auch dabei gilt, je intensiver Kinder den Ort gedanklich vor Augen haben, desto stärker wird das wohlige Gefühl und die Erinnerung daran.

6 Die Wunderfrage von de Shazer

Die Wunderfrage geht auf den Psychotherapeuten Steven de Shazer (1940–2005) zurück und lautet: »Angenommen du würdest heute Abend in dein Bett steigen und einschlafen und über Nacht würde ein Wunder geschehen, ohne dass du es wüsstest. Woran würdest du am nächsten Morgen merken, dass das Wunder geschehen ist?« Diese Methode findet vorzugsweise in der Lösungsorientierten Kurzzeittherapie Verwendung. Sie wirkt, indem sie das Problem aus dem Fokus herausholt und sich mit der Problemlösung beschäftigt. Damit weicht die Problemorientierung der Lösungs-Fokussierung. Die Wirkung besteht darin, dass das Kind durch die Vorstellung des Zielzustands den Weg dorthin findet.

Das Kind wird durch die Fachkraft in seine Vorstellungskraft begleitet. Dabei wird es angeleitet sich vorzustellen, dass es nun ganz gemütlich wird und das Kind sich ausruhen solle. Es könne sich vorstellen, es würde in seinem Bett liegen und zu träumen beginnen. Und während es schläft und um ihn herum alles ruhig ist, geschieht ein Wunder (eine Fee kann kommen, Sternenstaub kann fallen o. ä.). Ein Wunder, welches das derzeitige Problem löst. Woran würde das Kind nach dem Aufwachen merken, dass das Wunder geschehen ist? Was wäre anders?

Durch diese Vorstellung beschäftigt sich das Kind mit dem Zustand der Problemlösung: Es empfindet, wie es sich anfühlen würde, das Problem gelöst zu haben. Aus diese Weise beschäftigt es sich automatisch mit dem Zielzustand und fokussiert auf diese Weise die Lösung. Das Kind wird aus dem Ist-Zustand »Problem« in den Ziel-Zustand »Lösung« begleitet. Mit dem Bewusstwerden der Lösung werden Wege dorthin sichtbar.

Der erwünschte Zustand wirkt sich somit doppelt verstärkend aus, da Kräfte mobilisiert, Stärken und Fähigkeiten gezeigt und Situationen gemeistert werden. Die Vorstellung dessen, wie es sich anfühlt, das Problem gelöst zu haben, weckt die Sicherheit, dass es möglich ist. Auf der Landkarte der Kinder sind manche Wege noch nicht ergründet. Durch die Wunderfrage von de Shazer werden die Grenzen der Vorstellungskraft aufgehoben und die Kinder beschäftigen sich mit Kräften, derer sie sich vorab nicht bewusst waren.

Beispiel
Noah ist unzufrieden. Die Fachkraft fragt ihn, was los sei und Noah erzählt ihr, dass er so gern mit den Kindern spielen würde, er sich aber nicht traut zu fragen, weil er glaubt, dass die Kinder nicht mit ihm spielen möchten.

Die Fachkraft macht es sich mit Noah gemütlich, bittet ihn die Augen zu schließen, und sagt ihm, er solle sich ausruhen. Er kann sich vorstellen, dass er zu Hause in seinem Bett liegt (er kann auch gedanklich in der Betreuungseinrichtung bleiben). Es wäre ganz gemütlich und so würde er einschlafen. Draußen wäre es dunkel und die Sterne funkelten. Doch da, da fiele auf einmal eine Sternschnuppe. Sie würde Sternenstaub über Noah streuen und es würde ein Wunder passieren, das sein Problem mit den Kindern löst.

Dann würde er aufwachen. Die Fachkraft fragt Noah: Was wäre denn nun anders? Noah beschreibt die Situation. Er beschreibt, wie er morgens in die Einrichtung käme und die anderen Kinder auf ihn zukämen, um mit ihm zu spielen. Die Fachkraft fragt, was er denn anders gemacht hätte als sonst, woraufhin Noah erzählt, dass er in die Einrichtung gekommen wäre und die Kinder begrüßt hätte. Dann wäre er zum Tisch gegangen und hätte die Kinder gefragt, ob er mitspielen könne. Die Kinder hätten sich gefreut.

Die Wunderfrage von de Shazar ist ein sehr schönes Tool, um Kinder in ihrer Vorstellungskraft hinsichtlich der Problemlösung zu stärken. Wenn das Kind nicht über das Bewusstsein verfügt, dass es in der Lage ist, das Problem zu lösen, dann findet es auch keinen Weg dorthin. Dieses Bewusstsein wird durch das Erleben des Zielzustands geweckt und gestärkt. Das Kind weiß nun, dass es eine Lösung gibt. Die Vorstellung erweitert somit die Landkarte des Kindes, überschreitet Grenzen und weckt die Stärken. Dabei sollte die Fachkraft darauf achten, dass Lösungsvorstellungen realitätsnah und in der vorgesehenen Umwelt bleiben.

Es kann passieren, dass Kinder sich vorstellen, eine Fantasiefigur zu sein. Wenn sich ein Kind beispielsweise vorstellt, es sei Superman, dann hat die Fachkraft die Aufgabe, gemeinsam mit ihm zu überlegen, was Superman ausmacht (beliebt, groß, stark o. ä.). Die Fachkraft könnte das Kind z. B. fragen, woran die anderen Kinder die Veränderung erkennen könnten, wenn es morgens in die Einrichtung käme und sein Kostüm nicht tragen und seine Superkräfte nicht nutzen dürfte.

Bei diesem Tool ist etwas Fantasie gefragt, es kann im täglichen Leben genutzt werden, um sich Ziele und noch nicht genutzte Fähigkeiten bewusst zu machen. Der Vorstellungskraft sind dabei keine Grenzen gesetzt, es gilt nur, die Zielsituation in den Alltag zu integrieren.

Die Wunderfrage von de Shazar kann auch als Übung genutzt werden, um Wünsche und Ziele der Kinder zu erfahren. So können Fachkräfte sie in einer Kleingruppe anwenden und mit Kindern über Wünsche sprechen.

7 Imagination

Imagination heißt »Vorstellungskraft« und wird im KIDS-COACHING zum Benennen von Zielen und Wünschen sowie zum Träumen genutzt. Neue Wege gedanklich zu ergründen, noch unbekannte Ziele zu setzen und zu betrachten und dadurch die Landkarte gedanklich zu erweitern – das sind Methoden, die grundlegend sind für die stetige Weiterentwicklung. Die Fachkraft begleitet die Kinder und schenkt

Anleitung bei der Entwicklung der eigenen Vorstellungskraft in Form von Fantasiereisen oder gezielten Fragen.

> **Beispiel**
> Was stellt ihr euch vor: Wie wird es sein, wenn ihr erwachsen seid?
> Wie werdet ihr sein, wenn ihr 16 seid?
> Wie gut seid ihr später einmal in der Schule?

Verschiedene Ziele werden mit dieser Übung erreicht:

Es werden Visionen, langfristige Ziele, ins Bewusstsein gerufen. Auch wenn diese mit dem momentanen Leben noch keine Berührungspunkte haben, beeinflussen sie das Handeln der Kinder doch unbewusst. Durch das bewusste Nachdenken darüber, wie Kinder als Erwachsene sein wollen, werden unbewusst ihre Handlungen in diese Richtung gelenkt. Grund dafür ist wieder die Landkarte, die Vorstellung von der Welt, bei der stets nach Vollkommenheit gestrebt wird.

Wenn sich ein 12-Jähriger vorstellt, als Erwachsener einen tollen Beruf zu haben, wird diese Vision ihn unbewusst leiten. Im Umkehrschluss ist es daher wichtig, dass seine Vorstellung keine negativen Implikationen zur eigenen Person enthält, da diese ebenso in die Landkarte übernommen wird und nach Verwirklichung strebt.

Ein weiteres Ziel ist die Bewusstseinserweiterung hinsichtlich der eigenen Wünsche und nahen Ziele der Kinder. Um die bereits genannten Tools erfolgreich anwenden zu können, sollten Verhaltensziele bekannt sein. Diese können über die Imagination ins Bewusstsein rücken und benannt werden.

> **Beispiel**
> Was wünschst du dir von den anderen Kindern?
> Was wünschst du dir von deiner Lehrerin?
> Wie sollen deine Eltern mit schlechten Noten umgehen?

Wenn Menschen ihre Ziele nicht erreichen, liegt es häufig daran, dass sie nicht klar benannt sind. Je differenzierter Kinder wissen, was sie möchten, desto leichter ist der Weg zum Ziel, für die Kinder und die pädagogische Arbeit der Fachkräfte.

Imagination hilft, alte Muster und Strukturen zu erweitern. So sind Kinder geprägt von den Lebensentwürfen, die Erwachsene ihnen vorleben. Dabei prägen Ansichten, Werte und Erfahrungen der Erwachsenen die Landkarte der Kinder. Imagination kann ein neues Bewusstsein für diese Strukturen schaffen. Dabei gilt es, die alten Strukturen nicht zu kritisieren oder zu verwerfen, vielmehr sind neue Verknüpfungen zu schaffen. Selbst wenn die Vorstellung der eigenen Person nicht in die vorgefertigten Strukturen passt, schenkt die Landkarte jedem Kind Lebens-Sicherheit – es gilt somit, die Vorstellung in die vorgefertigten Strukturen einzuflechten. Wie bereits bei der Wunderfrage von de Shazer beschrieben, dürfen Vorstellungen zwar realitätsfern sein, sollten aber in die Realität eingeflochten werden.

Betrachtet man die Ziele pädagogischer Arbeit und die Kompetenzen, die für das Leben in unserer Gesellschaft vonnöten sind, dann braucht es Menschen mit Visionen und einem weiten Horizont. Durch die Imagination wird das Bewusstsein der Kinder erweitert und sie üben sich darin, ihre Landkarte gedanklich zu erweitern. Innovation und Weiterentwicklung sind Resultate der Vorstellungskraft, die unsere Gesellschaft vorantreibt. In der pädagogischen Arbeit kann dies bereits mit Kindern geübt werden.

8 Lerncoaching

Lerncoaching dient der Unterstützung und Begleitung des Kindes im Lernprozess mit dem Ziel, die Freude daran und den Erfolg zu sichern. Davon ausgehend, dass jeder, der Freude am Lernen hat, auch erfolgreich dabei ist, werden hier verschiedene Tools verwendet, die diese Freude fördern. Einige sind bereits bekannt, sie werden jetzt im Lernprozess gezielt eingebaut und genutzt.

KIDS-COACHING geht davon aus, dass jeder Mensch Interesse an der eigenen Weiterentwicklung hat, und lediglich die Umstände verhindern, dass diese auf angemessene[4] Weise gefördert wird. Besonders bedeutsam wird Lerncoaching beim Eintritt in die Schule, da sich die Lernsituation verglichen mit dem vorschulischen Lernen komplett

---

4 »Angemessen« heißt: für das jeweilige Individuum optimal.

verändert. Hier geht es nun nicht mehr darum, das zu lernen, was sich dem Kind durch Anregungen anbietet,[5] sondern darum, Wissen auf den Punkt aufzunehmen, umzusetzen und abrufen zu können. Dabei muss der innere Drang nach Entdeckung der Welt auf Inhalte hin kanalisiert werden. Auch wenn in der vorschulischen Betreuungseinrichtung eine Lernstruktur durch die Fachkräfte vorgegeben wird, wird diese sehr flexibel gestaltet und den Bedürfnissen, Wünschen und Anregungen der Kinder angepasst. In der Schule ändert sich die Lernstruktur dahingehend, dass sie von einem strikten Lehrplan und nach der vom Lehrer ausgewählten Methode vorgetragen wird. Hinzukommt, dass Wissen nicht auf vielfältige Weise in Bezug gesetzt wird, sondern meist im Klassenraum oder Schulgebäude verbleibt.

Dieses neue Lernen birgt nun die Herausforderung, das Lernen zu lernen – und das selbstständig. Der Lehrer hat nicht immer die Möglichkeit, den Schülern Wissen durch verschiedene Methoden zu vermitteln, er muss sich für die Methode entscheiden, welche den Mitteln der Schule, den Bedürfnissen der meisten Schüler und seinem eigenen Ermessen entsprechen. Zwangsläufig bleiben dabei die Schüler auf der Strecke, denen die Lehrmethoden nicht entsprechen. Dabei kann das Gefühl der Schwäche, der Niederlage und des Versagens zu Lernblockaden und blockierenden Glaubenssätzen führen. Lerncoaching arbeitet genau damit und bricht Blockaden auf, lockert Glaubenssätze und verhilft mit einfachen Mitteln zum erfolgreichen Lernen. Die Basis für das Lerncoaching ist eine wertschätzende und vertrauensvolle Beziehung auf Augenhöhe und die Begleitung durch einen Partner, der voller Glauben an die Fähigkeiten des Lernenden ist und sich selbst als Lernender versteht. Er begegnet dem zu unterstützenden Kind und dem bereits bestehenden Wissen, also den eigenen Lerninhalten und Methoden, mit Empathie und Offenheit und begleitet den Lernenden auf dem Weg, seinen individuellen Lernerfolg zu finden.

8.1 Einschätzung und Umgang mit Lerntypen

Als Grundlage dient die Einordnung des Kindes in einen der drei klassischen Lerntypen: auditiv, visuell, kinästhetisch. Diese Eintei-

---

5   Siehe 1.6 *Bildung und Emotion.*

lung basiert nicht auf richtig oder falsch, sondern dient vielmehr der besseren und gezielteren Unterstützung. Es macht keinen Sinn, einem Kind Lerninhalte stets über Vorlesen und Vorsprechen zu vermitteln, wenn es die Inhalte sehen muss, um sie zu begreifen und zu behalten. Bedeutsam ist, dass Kinder nicht nur einem Lerntyp entsprechen, sondern sich mehrere mischen können. Die Einordnung nutzt gezielt Möglichkeiten und schließt dabei das Einbringen anderer Lernmöglichkeiten nicht aus. Ein Kind kann ein auditiver Typ sein und sich dennoch durch Lesen Inhalte erschließen.

Testen können Sie den Lerntyp ganz einfach, indem Sie verschiedene Lernmöglichkeiten schaffen und schauen, auf welche Weise das Kind die Inhalte am besten behält und versteht. Sie können das Kind auch befragen, es wird schnell selbst merken, welche Lernmethode ihm leicht fällt – es wird die sein, die Freude macht.

Lernen ist ein ganz individueller Vorgang. Besondere Bedeutung und Einprägsamkeit erhalten Lerninhalte, wenn sie mit verschiedenen Sinnen wahrgenommen werden können. So sollten Sie einen ersten Zugang zum Lernen durch die Einschätzung des Lerntyps begünstigen, können dann aber die Inhalte über die Erlebbarkeit mit allen Sinnen festigen.

Beispiel
Kira soll in Mathe mit verschiedenen Gewichten arbeiten. Die Textaufgabe beinhaltet verschiedene Gewichtsgrößen, allerdings ohne Abbildung. Die Fachkraft gibt Kira vorweg die Aufgabe, die Gewichte im Verhältnis zueinander aufzumalen, um einen Überblick über die einzelnen Größen zu haben. Danach fällt es Kira leichter, die Aufgabe zu lösen, da sie eine Vorstellung der einzelnen Variablen erlangt hat. Zusätzlich könnte das Wissen noch vertieft werden, indem mit Gewichten und einer Waage gearbeitet wird, sodass auch der kinästhetische Kanal angesprochen wird.

8.2 Glaubenssätze lockern!

Eines der häufigsten Probleme in Lernprozessen sind sogenannte Lernblockaden, resultierend aus Misserfolgen, mangelndem Glauben an sich selbst oder negativen Glaubenssätzen. Diese gilt es im Lerncoaching aufzubrechen und durch positive Glaubenssätze und Erlebnisse zu überdecken. Zum Erreichen dieses Ziels arbeitet das Lerncoaching mit dem Entdecken und Stärken von Ressourcen und der Veränderung von Glaubenssätzen. Letztere werden gelockert, in dem sie beispielsweise hinterfragt werden oder indem nach Ausnahmen gesucht wird. So kann der Glaubenssatz *Ich kann das eh nicht!* gelockert werden, indem Sie fragen: *Was genau kannst du nicht? Gab es einen Moment in dem du es konntest? Was war in diesem Moment anders?*

Diese Fragen zielen auf »Ausnahmesituationen«, in denen das Kind Erfolg hatte. Die dazu führenden Umstände gilt es zu erkennen und bestmöglich herzustellen. Indem sich das Kind an erfolgreiche Situationen erinnert, befindet es sich automatisch im positiven Gefühls- und Erfolgszustand und damit im Zielzustand. Es geht auf diese Weise vom Problem weg, betrachtet die Lösung und lockert damit Glaubenssätze.

Beispiel
Kind: Ich kann keine Hausaufgaben!
Fachkraft: Was genau kannst du nicht?
Kind: Ich kann die Matheaufgaben nicht!
Fachkraft: War das schon immer so?
Kind: Ne, wenn ich die Aufgaben verstehe, macht es mir Spaß.
Fachkraft: Gut, dann lass mich dir erklären, was du nicht verstehst.

Die Aussage, dass das Kind die gesamten Hausaufgaben nicht kann, wird auf diese Weise gelockert und auf einen bestimmten Bereich beschränkt. Gleichzeitig erinnert die Fachkraft an eine Situation, in der Matheaufgaben gelöst werden konnten, wodurch das Kind an seine Fähigkeiten erinnert wird.

8.3 Motivation und Selffulfilling-prophecy

Lernen ist immer ein emotionaler Prozess, daher ist das Ziel des Lerncoachings, die Motivation zu wecken und zu stärken. Wie bereits im Kapitel I.6 beschrieben, erfolgt Lernen[6] aus einem inneren Drang heraus. Daher stellt sich, wenn Kinder keine Freude mehr am Lernen

---

6 Hier gleichbedeutend mit »sich bilden«.

haben, die Frage, welche Ursachen es dafür gibt. Die Ursachen werden dabei nicht detailliert zur Problemanalyse betrachtet, sondern eher um fortlaufend damit umzugehen. Wenn Kinder keinen Spaß mehr am Lernen haben, kann es sein, dass sie an ihren Fähigkeiten zweifeln, negative Glaubenssätze haben oder durch Misserfolge die Motivation verloren haben.

Stellen sich erste Erfolge beim Lernen ein, verstärkt sich die Motivation, welche den weiteren Lernprozess stärkt und wieder zum Erfolg führt. Für den Anfang sind Sie, als Begleiter der Kinder im Lernprozess, ein Motivationseintreiber, indem Sie dem Kind zum einen das Vertrauen in seinen Erfolg schenken und zum anderen Möglichkeiten schaffen, Erfolge zu erleben. Ihre Bindung wirkt sich als Motivationsmotor aus – indem Sie das Kind wahrnehmen und ihm Glauben schenken, vermitteln Sie ihm die Sicherheit, dass es die Fähigkeit zum Erfolg besitzt. Dementsprechend können Sie das Kind nur motivieren, indem Sie an es glauben, es fordern ohne zu überfordern, erreichbare Ziele ausloten und es auf dem Weg dorthin mit Rückhalt, Sicherheit und Vertrauen begleiten. Wie in der *Selffulfilling Prophecy*[7] bedingen sich Misserfolge und Demotivation gegenseitig und können vom Kind in seiner fixen Schul-/Lernstruktur nur schwer unterbrochen oder verändert werden. Fachkräfte können Unterstützung leisten, indem sie versuchen, die Lerninhalte bestmöglich durch weitere Lernmethoden und Lernwelten zu vermitteln und (be-)greifbar zu machen. Sicherlich bedarf das einiger Zeit und Motivation, doch ebenso wie sich das negative Rad der *Selffulfilling Prophecy* selbstständig gedreht hat, wird sich das positive Rad mit den Komponenten *Erfolg* und *Motivation* vorwärts bewegen. Wenn sich durch intensive Begleitung erste Lernerfolge einstellen, wird die Motivation wachsen, welche wiederum bedingt, dass das Kind eigenständig Lerninhalte erleben möchte und dies initiieren wird. Sie zeigen ihm nur neue Methoden und lassen das Kind die Komponenten des Rads ersetzen – drehen wird es sich dann von ganz allein.

Das Rad können Fachkräfte auch durch außerschulische Erfolge verändern. Ermöglichen Sie dem Kind, in einem anderen Lebensfeld

---

7 Selffulfilling Prophecy = selbsterfüllende Prophezeiung.

Erfolge zu feiern, oder lassen Sie es in einem Lebensfeld ganz neu anfangen und sein Rad neu erfinden. Es zeigt sich, dass gerade Jugendliche, die in dem Rad »Niederlage – Demotivation« stecken, eine maßgebliche Veränderung erfahren, wenn sie sich in einem neuen Lebensfeld neu behaupten können. Der Schlüssel liegt darin, dass sie Erfolge verspüren, eine neue Wichtigkeit erlangen und Achtung für ihre Taten ernten. Hier wird nicht nur ein neues positives Rad errichtet, sondern dieses hat darüber hinaus Auswirkungen auf das alte demotivierende Rad.

> **Beispiel**
> Jana, 16 Jahre, fällt in der Schule durch schlechte Noten und wenig Unterrichtsbeteiligung auf. Trotz Bemühen der Lehrer bleibt Jana unmotiviert. Seit einigen Wochen arbeitet sie nebenbei in einem Altenheim und fühlt sich dort sehr wohl. Sie ist sehr beliebt und erfährt viel Anerkennung von den Bewohnern. Seither steigert sich Janas Motivation von Tag zu Tag, was sich nach einiger Zeit auch in ihrer Unterrichtsbeteiligung sowie ihren Noten widerspiegelt.

Fachkräfte sollten gelegentlich Abstand nehmen von Schulproblemen und den Fokus auf außerschulische Erfolge legen, um die daraus resultierenden positive Wirkung für Lernerfolge und Motivation nutzbar zu machen.

8.4 Lerninhalte zum Leben erwecken!

Lassen Sie Lerninhalte zum Leben erwachen. Je vielfältiger Dinge dargestellt werden, je mehr Alltagsbezug sie aufbauen, desto eher werden sie in den Alltag eingebaut und verfestigen sich automatisch. Aufbauend auf den verschiedenen Lerntypen strebt auch dieses Tool nach dem Erleben von Lerninhalten. Die Schwierigkeit schulischen Lernens ist, dass Dinge nicht mehr in direktem Bezug zum Alltag stehen. Die vorschulischen Betreuungseinrichtungen bieten eine Lernwelt, welche Kindern vielfältige Anregungen schenkt und den inneren Drang zum Lernens noch bestärkt: Inhalte werden direkt im Alltag erlebt. In der Schule findet häufig eindimensionales Lernen statt. Dinge werden besprochen, geschrieben, gehört. Sie werden nicht mehr angefasst und in Bezug zum Hier und Jetzt gesetzt.

Überlegen Sie einmal, welche Inhalte Sie in der Schule richtig fasziniert haben und es vielleicht bis heute tun?

> **Beispiel**
> Mona lernt in der Physikstunde, wie eine Kippschaltung auszusehen hat. Sie schaut sich das rote und das blaue Kabel an, weiß sie allerdings nicht zusammenzustecken. In der Nachmittagsbetreuung geht die Fachkraft mit ihr im Flur auf und ab und macht die Lichter an den verschiedenen Schaltern aus und an. Sie entdeckt mit ihr, wie das Licht im Flur an- und ausgeht, und erarbeitet, wie es sein kann, dass man das Licht am Punkt A anmachen, an B wieder ausmachen und gleichzeitig an beiden Punkten wieder anmachen kann. Sie bauen die Schaltung anhand der Lichter im Flur nach. Für Mona ergibt die Wechselschaltung nun in ihrem Alltag einen Sinn und die Inhalte der Physikstunde sind greifbar.

Natürlich können Fachkräfte Lerninhalte nicht in jeder Form zum Leben erwecken und nicht immer einen direkten Bezug dazu herstellen. Es geht vielmehr darum, den Dingen einen Sinn zu geben. Warum ist es wichtig, bestimmte Dinge zu lernen? Wo finde ich die Lerninhalte im Alltag wieder und kann sie verwenden? Die Verknüpfung von Unterrichtsfächern stellt eine Möglichkeit dar, Lerninhalte zu verfestigen und wieder auffindbar zu machen. Indem das Kind in einem Fach Lerninhalte behält, die es im anderen Fach wieder anwenden kann, stellt sich automatisch ein Erfolgserlebnis ein. Es ist, als wenn Puzzleteile ineinander fallen. Stellt sich der Erfolg ein, dass Dinge zunehmend ergänzend und übergreifend betrachtet werden, werden die Kinder fortlaufend selbst Bezüge herstellen.

8.5 Emotionale Bindung

Als enorm wichtige Komponente für den Lernprozess des Kindes ist die emotionale Bindung zu betrachten. Lernen benötigt Bindung! Dabei sind nun nicht mehr ausschließlich die Eltern gemeint, sondern vorzugsweise die Fachkräfte, die durch ihre Beziehung zu den Schülerinnen und Schülern den Lernprozess der Klasse und jedes Einzelnen bestimmen.

Überlegen Sie, in welchem Fach Sie in der Schule besonders gut waren. Und nun überlegen Sie, wie Sie Ihren Lehrer in diesem Fach fanden.

Es ist nahezu in jedem Fall so, dass Kinder in den Fächern am besten sind, in denen sie einen Lehrer haben, bei dem sie sich wohl, unterstützt und wertgeschätzt fühlen. Heute wissen wir, dass Motivation in enger Verbindung zu den Menschen steht, mit denen wir arbeiten, lernen, leben. Wenn ein Lehrer keinen Wert auf die Beziehung zu seinen Schülern legt und ihm egal ist, ob sie Wissen erlangen oder nichts tun, spiegelt sich das automatisch in der Lernmotivation der Schüler wider. Versteht der Lehrer sich selbst als Lernender und als wertschätzender Partner seiner Schüler, stärkt das die Beziehung und damit den Lernerfolg der Klasse erheblich. Dies hängt damit zusammen, dass Kinder (und Erwachsene) nach Anerkennung streben. Anerkennung meint nicht, dass Kinder gelobhudelt werden möchten, sondern dass sie wahrgenommen werden wollen. Lernen sollte heute an der Individualität der Kinder ansetzen und jedes wahrnehmen und anerkennen als die Person, die er/sie ist, mit der Leistung, die er/sie erbringen kann.

9 SMARTe Ziele

Die Basis für jeden Coaching-Prozess ist das Benennen von Zielen. Ohne Ziele definiert zu haben, können diese nicht erreicht werden. Es fängt damit an, dass Menschen den Weg zum Ziel nicht finden können, wenn sie nicht wissen, wie das Ziel aussieht. Außerdem kann das Erreichen eines Ziels nicht überprüft werden, wenn vorab nicht bekannt ist, wie es sich anfühlt, wenn man am Ziel angekommen ist.

Ziele zu setzen ist im KIDS-COACHING eine Aufgabe für sich. Oft wissen Kinder zwar, dass sie etwas verändern möchten, jedoch ist ihnen häufig unklar, wie es aussehen würde, wenn es anders wäre.

> **Beispiel**
> Hugo macht seine Aufgaben immer auf den letzten Drücker. Sei es die Ordnung in seinem Zimmer, seien es die Aufgaben für die Schule oder Aufgaben, die er in seiner Freizeit erledigen muss. Stets kommt

er in Zeitnot. Er ist sehr unzufrieden und fragt die Fachkraft, wie er seine Arbeitsweise verändern könnte.

Die Fachkraft gibt Hugo die Aufgabe zu überlegen, welches Ziel er anstrebt. Hugo weiß nicht, welches Ziel er verfolgt, er weiß nur, dass er nicht mehr in Zeitnot geraten möchte.

Um einen Weg zur Veränderung zu finden, sollte Hugo sich zu Beginn vorstellen wie, es wäre, wenn es anders wäre (z. B. mit der Wunderfrage von de Shazer). Er versetzt sich in den Zielzustand, um zu schauen, was er erreichen möchte. Hugo hält schließlich fest, dass er genügend Zeit zum Erledigen seiner Aufgaben haben möchte, damit er dann strukturierter arbeiten kann.

Die Fachkraft schreibt sein Ziel auf. Im weiteren Verlauf geht es darum, erste Etappen auf dem Weg zum Ziel zu finden.

9.1 Warum Etappen wichtig sind

Große Veränderungen verlangen zum einen sehr viel Energie und sind zum anderen wesentlich schwieriger als kleine im Alltag umzusetzen. Veränderungen verlangen Kindern stets eine Verhaltensänderung ab. Wenn das Kind sein Verhalten von Grund auf verändern soll, ist die Rückfallwahrscheinlichkeit wesentlich höher, als wenn sich sein Verhalten Schritt für Schritt verändert.

Beispiel
Wenn Sie mehr Sport machen möchten, ist das Ziel, einmal die Woche zum Sport zu gehen, wesentlich leichter umzusetzen, als wenn Sie sich zum Ziel setzen würden, sieben Tage die Woche zu gehen.

Die Fachkraft fragt Hugo also, was ein erster Schritt in die Zielrichtung sein könnte.

Beispiel
Hugo überlegt, dass er damit beginnen möchte, die Schulaufgaben so strukturiert zu bearbeiten, dass er diese einen Tag vor Abgabe fertig hat. Er möchte sich einen Wochenplan erstellen, seine Auf-

gaben zu Beginn der Woche aufschreiben und Zeiten vorplanen, zu denen die Aufgaben erledigt werden.

9.2 SMART

Die Fachkraft und Hugo prüfen das Ziel auf seine Umsetzbarkeit hin. Dabei hilft ihnen die SMART-Regel, mit der man Ziele auf ihre Erreichbarkeit überprüfen kann. Smart steht dabei für:

Spezifisch Schulaufgaben zu strukturieren, ist ein präzise benanntes Ziel.
Messbar Die Erreichbarkeit des Ziels ist messbar, da Hugo am Ende der Woche sieht, was er geschafft hat.
Attraktiv Das Ziel ist attraktiv, da Hugo es genießt, die Aufgaben in Ruhe zu machen.
Realistisch Es ist für Hugo realistisch (vorstellbar), dass er das Ziel erreichen kann.
Terminiert Hugo möchte das Ziel in den nächsten zwei Wochen erreichen.

Ein Ziel, welches nicht in die SMART-Regel passt, wäre es zum Beispiel, wenn Hugo sagen würde, dass er sich wünscht, dass *sich etwas ändert*. Dieses Ziel wäre unspezifisch, da nicht präzise benannt ist, was sich ändern soll. Dementsprechend ist es auch nicht messbar. Attraktiv kann es insofern nicht sein, weil Hugo bei diesem genannten Ziel gar keine aktive Rolle spielt. Realistisch ist das Ziel ebenso wenig wie terminiert, da es in keinem Bezug zu Hugos Leben steht.

Wenn Ziele SMART sind, lassen sie sich leicht überprüfen. So setzen sich die Fachkraft und Hugo nach zwei Wochen zusammen und schauen, ob Hugo sein Ziel erreicht hat. Wenn dem so ist, kann ein nächster SMARTer Schritt auf dem Weg zum großen Ziel festgelegt werden.

9.3 Ziele sind bejahend

Wenn Ziele benannt werden, werden sie häufig als Verneinungen der derzeitigen Situation benannt.

> **Beispiel**
> Ich möchte nicht mehr so viel Stress haben!
> Ich möchte nicht mehr so viel essen!
> Ich möchte keine Angst mehr davor haben!

Um Ziele erreichen zu können, sollten sie vor dem geistigen Auge erscheinen. Menschen brauchen ein Bild davon, wie es aussieht, wenn es sich verändert hat. Dabei kennt der Geist weder ein *nicht mehr* noch kann er *nicht mehr so viel* definieren. Stattdessen kann er sich ein Bild davon machen, wie es wäre *gelassen mit Stress umzugehen* oder *sich sicher zu fühlen*. Mehr dazu im Kapitel III.2.9 *Wertschätzende Kommunikation*.

Achten Sie als Fachkräfte darauf, dass Ziele den Zielzustand benennen und nicht die Verneinung des Problems. Auf diese Weise wirken Sie bereits beim Benennen des Problems auf seine Lösung hin und visualisieren das Ziel.

Sollte das Kind den Zielzustand nicht benennen können, bedienen Sie sich entweder eines Tools (Wunderfrage von de Shazer) oder aber fordern Sie das Kind auf, sein Ziel als Frage zu formulieren. Auf diese Weise kann, auch wenn noch keine Lösung sichtbar ist, auf diese hingearbeitet werden. Und spielerisch lässt sich der Geist doch zu Dingen verleiten, die er vorher nicht vor Augen hatte.

> **Beispiel**
> Hugo kann sein Ziel nicht benennen. Die Fachkraft bittet ihn, das Problem als Frage zu formulieren. Hugo fragt, wie es ihm gelingen könne, seine Aufgaben in Ruhe zu lösen.
>
> Da Hugo nicht fragt, *ob* es ihm gelinge, seine Aufgaben in Ruhe zu lösen, sondern *wie* es gehe, vergegenwärtigt er sich, dass es eine Lösung für sein Problem gibt.

9.4 Warum kleine Erfolge wichtig zum Erreichen großer Ziele sind!

Ein großes Ziel zu erreichen – bis dahin kann es ein langer Weg sein. Häufig verlangt es die dauerhafte Veränderung lang gelebten Verhaltens. Das kostet viel Energie und Motivation. Dabei lässt sich das Ziel selten von heute auf morgen umsetzen. Es verlangt somit eine große Portion Motivation, die über einen längeren Zeitraum vorhanden bleiben muss, ohne dass direkte Erfolge spürbar wären.

Beispiel
Hugo möchte die verschiedenen Aufgaben in seinem Leben strukturierter lösen. Wenn er gleichzeitig in allen Lebenslagen versucht, diese Verhaltensänderung herbeizuführen, muss er sein Verhalten in jedem Lebensbereich (Schule, Freizeit, zu Hause) verändern. Wenn er sich kleine Ziele setzt, wie die Strukturierung seiner Schulaufgaben, muss er erst einmal nur das Verhalten bei seinen schulischen Aufgaben verändern. Wenn er sein Ziel hier erreicht und sich gut dabei fühlt, steigt seine Motivation, die Verhaltensänderung auch in den anderen Bereichen zu vollziehen.

Erfolge heizen die Motivation an, Dinge zu verändern, daher sind sie besonders wichtig beim Erreichen von Zielen. Kleine Ziele bringen dabei schnelle Erfolge und schenken Energie zum Erreichen weiterer Ziele.

Teil III: Die Rolle der Fachkraft

Wahrnehmung und Annahme
sind der Grundstein jeder Beziehung.

1 Kids-Coaching basiert auf Beziehung

1.1 Kids-Coaching gezielt zum Beziehungsaufbau und zur Stärkung nutzen!

In diesem Teil wird es darum gehen, wie Sie als Fachkräfte von der Anwendung des Kids-Coachings profitieren können. Bisher haben Sie die Grundlagen und Tools kennengelernt, hier geht es nun um Anregungen, nützliche Fähigkeiten und Methoden für Ihre pädagogische Arbeit.

Kids-Coaching als gemeinschaftliche Arbeit lebt von der Beziehung zwischen Fachkraft und Kind. Eine erfolgreiche Partnerschaft lebt von einer Beziehungsgestaltung, für die beide Parteien verantwortlich sind. Dabei ist es von besonderer Bedeutung, dass beide auf Augenhöhe miteinander agieren. In der Beziehung von Erwachsenen und Kindern ist die Beziehungsgestaltung auf Augenhöhe jedoch nicht immer leicht. Erwachsene sind Kindern in ihrer Erfahrung und im Wissen über das Leben weit voraus, weshalb sie gut gemeinte Anweisungen und Tipps geben. Was so gut gemeint ist, kann jedoch das Gleichgewicht der Beziehung stören, wenn Anweisungen nicht als Anregungen, sondern als Vorgaben verstanden werden.

Die Basis für eine starke Beziehung ist, dass sich beide Parteien als Lernende verstehen. Dabei können Erwachsene von Kindern ebenso viel lernen wie Kinder von Erwachsenen.

In der pädagogischen Arbeit ist die Fachkraft deswegen der professionelle Beziehungs-Part, weil sie die Beziehung nicht aus einem emotionalen Wunsch heraus aufbaut, sondern um ihre Profession erfolgreich ausüben zu können. So bleibt sie zwar professionell distanziert, kann aber dennoch eine warme und vertraute Beziehung zum Kind aufbauen.

Die Basis für jede Beziehung besteht in der kompromisslosen Annahme des Beziehungspartners!

1.2 Annahme

Über die Annahme, die Akzeptanz und die Wertschätzung der Individualität jedes Kindes baut sich automatisch eine Beziehung auf, ohne dass aktiv darauf hingewirkt werden muss. Qua Akzeptanz fühlt sich das Gegenüber automatisch eingeladen.

Indem Fachkräfte das Kind so annehmen wie es ist, indem sie seinen individuellen Willen und seine Wahrnehmung akzeptieren und ihm das vermitteln, bauen sie automatisch eine Beziehung zum Kind auf.

Beispiel
Paula erzählt der Fachkraft, dass sie Philip geschlagen hat, als er sie eine blöde Kuh nannte. Nun hat die Fachkraft zwei Möglichkeiten: Sie könnte Paula sagen, dass das nicht geht und sie sich bei Philip entschuldigen solle.

Oder: Sie könnte Paulas Handlung annehmen und ihr sagen, dass sie das sehr gut verstehen könne, das würde sie auch wütend machen. Daraufhin könnten sie gemeinsam überlegen, wie Paula zukünftig mit Kindern umgehen könnte, die sie beschimpfen, ohne sie zu schlagen.

Im ersten Beispiel respektiert die Fachkraft Paulas Handlung nicht, sondern weist sie ab und fordert sie auf, in die Situation zurückzugehen. Im zweiten Beispiel erfährt Paula Verständnis und Annahme. Auf diese Weise baut sich Vertrauen auf, welches zur besseren Zusammenarbeit von Paula und der Fachkraft beiträgt. Auf dieser vertrauten Ebene gelingt es Paula sich zu öffnen und neue Handlungsmöglichkeiten für zukünftige Situationen zu finden.

Überlegen Sie selbst, von wem Sie Tipps annehmen können und bei wem Sie Tipps direkt abwehren? Was passiert in Ihnen, wenn Sie von einer Handlung erzählen und ihr Gegenüber sagt ihnen, dass das nicht richtig war? Was zeichnet die Person aus, bei der Sie gern Ratschläge und Tipps annehmen?

1.3 Wahrnehmung

Beziehung baut sich über Wahrnehmung auf. Wahrnehmen heißt Aufmerksamkeit schenken, es heißt »Ich sehe, dass du da bist«. Wahrnehmung zeigt sich beispielsweise in der persönlichen Begrüßung: *Hallo Moritz! Wie geht es dir? Schön, dass du da bist.* Indem Fachkräfte den Namen des Kindes sagen, vermitteln sie, dass sie genau dieses Kind wahrnehmen und sich freuen, dass genau dieses Kind heute da ist.

> **Beispiel**
>
> Die Leitung hat im Team darum gebeten, dass sich eine Fachkraft um die Einladungen für das Sommerfest kümmern solle. Cornelia setzt sich an einem Nachmittag in die Gruppe und bastelt eine Einladung. Am nächsten Morgen zeigt sie sie zur letzten Abstimmung ihrer Leitung. Diese ist gerade in ihre Arbeit vertieft und schaut nicht zu Cornelia hoch, als diese ihr die Einladung auf den Tisch legt. Sie sagt lediglich: »Leg sie dorthin, ich schaue später drüber«.
>
> Anders wäre es, wenn die Leitung kurz zu Cornelia aufschaut und ihr sagt, dass sie gerade intensiv in einer Aufgabe stecken würde, ob es in Ordnung wäre, wenn sie später darüber schauen würde. Als Cornelia dies bejaht und gerade das Büro verlassen möchte, ruft die Leitung ihr hinterher: Danke, Cornelia, dass du die Einladung fertig gemacht hast!

Wahrnehmung ist Augenkontakt, das Nennen eines Namens, ein Danke. Wahrnehmung ist das Gegenteil von Selbstverständlichkeit.

Überlegen Sie einmal, wann Sie das letzte Mal einer Person namentlich »Danke« gesagt haben. Ob Sie ihr dabei bewusst in die Augen geschaut haben. Wann sind Sie selbst kürzlich bewusst wahrgenommen worden – und wie hat sich das angefühlt?

1.4 Wertschätzung

Wertschätzung leben heißt, jedes Verhalten und jede Absicht wertzuschätzen, unabhängig von der eigenen Sichtweise. Wertschätzung zeigt sich im Respekt für andere Landkarten!

Indem Fachkräfte die positive Absicht hinter einem Verhalten zu verstehen suchen, schätzen sie das Kind und sein Verhalten bereits wert. Dabei müssen sie nicht jedes Verhalten nachvollziehen können. Doch auch, wenn sie anderer Meinung sind, sollten sie Verständnis und Respekt für die Meinung des Kindes signalisieren. So schenken sie dem Kind automatisch Vertrauen, auch wenn sie seine Verhaltensweisen kritisieren. Das Kind weiß, dass die Fachkraft versucht, jedes Verhalten zu verstehen und nicht zu verurteilen. Wertschätzung unterscheidet zwischen Person und Verhalten. Eine Person kann wertgeschätzt, ihr Verhalten dennoch kritisiert werden.

> **Beispiel**
> Friedrich hat heimlich die Schuhe von Stefan zusammengeknotet, sodass er beim Loslaufen hinfällt und sich wehtut. Die Fachkraft spricht mit Friedrich, der im ersten Moment keine Reue zeigt. Die Fachkraft begegnet Friedrich sehr offen, nimmt seine Meinung wichtig und befragt ihn zum Vorfall. Dadurch zeigt sie sich wertschätzend seiner Person gegenüber. Diese Wertschätzung ermöglicht es Friedrich, sich für ihre Meinung und Kritik ebenso offen zu zeigen.

Auf diese Weise kann Kritik wesentlich konstruktiver gegeben und angenommen werden. Und gleichzeitig kann wertschätzende Kritik die Beziehung zwischen Fachkraft und Kind stärken, denn Beziehung heißt nicht, alles gut zu heißen, sondern sich gegenseitig wahrzunehmen und gemeinschaftlich zu arbeiten. Wertschätzende Kritik zeigt Verbesserungsmöglichkeiten auf, statt die Dinge problemzentriert zu betrachten.

1.5 Aus Bindung wird Beziehung

Eltern und Kinder sind genetisch miteinander verbunden. Das genetische Band zwischen Eltern und Kindern kann nicht getrennt werden. Dennoch erfährt die Eltern-Kind-Beziehung einen Wandel, der den Entwicklungsprozess des Kindes maßgeblich beeinflusst. Wird nach der Geburt eine tiefe und enge Bindung über Fürsorge, Aufmerksamkeit und Körperlichkeit zum Kind aufgebaut, so wird diese im Laufe des Entwicklungsprozesses gelockert und »beschränkt« sich auf eine Verbindung im Geiste, unterstützt durch körperliche Gesten. Das Halten, der sichere Rückhalt und die Fürsorge, die der Säugling in seinen ersten Lebensmonaten erfährt, wird im Geist verankert und ist fortan spürbar, auch ohne den körperlichen Kontakt zwischen Eltern und Kind.

Nach der frühen Sozialisation in der Familie folgt die Sozialisation in der Betreuungseinrichtung. Nach anfänglicher Anwesenheit der Eltern wird darauf hingewirkt, dass das Kind allein in der Einrichtung verbleibt. Ein Ablöseprozess wird von Beginn an vorbereitet. Für diesen Ablöseprozess ist es von besonderer Bedeutung, dass die Fachkraft eine intensive Beziehung zum Kind aufbaut, die Vertrauen und Sicherheit schenkt. Erst wenn das Kind sich in der Einrichtung geborgen fühlt, gelingt es ihm, sich von den Eltern loszulösen. (Mehr dazu in III.4.1 »Eingewöhnung«)

1.6 Beziehung ist Entwicklungselixier

Heute läuft alles über Beziehung. Entwicklung, Bildung und Sozialisation sind ohne Beziehungen nicht möglich. Kinder brauchen Menschen, die an sie glauben, sie brauchen den geistigen Rückhalt und sie brauchen konstruktive Begleiter, die ihren Lebensweg wahrnehmen. Jeder Mensch möchte in seiner Individualität wahrgenommen werden, seine Person und Meinung soll angenommen und wertgeschätzt werden. Dabei sind Wahrnehmung, Annahme und Wertschätzung die Brücke zu jedem Gegenüber und bauen eine Beziehung wie von selbst auf.

Achten Sie einmal darauf, was passiert, wenn Sie Menschen bewusst wahrnehmen: Augenkontakt herstellen, das Gegenüber bewusst beim Namen nennen und für seine Meinung wertschätzen, ohne die eigene als besser zu betrachten.

Wie fühlt es sich an, wenn Ihnen jemand begegnet, der sich trotz gegenteiliger Meinung offen für die Ihre zeigt und sich abschließend für diese interessante neue Perspektive bedankt?

2 Auf die Kommunikation kommt es an!

Kommunikation ist eine grundlegend unterstützende Fähigkeit im Entwicklungsprozess des Kindes und somit Basis im KIDS-COACHING. Es geht darum, mit Kommunikation die Beziehung aufzubauen und zu stärken. Sie bildet die Basis für die Beziehung zwischen Fachkraft und Kind.

Wertschätzende Kommunikation gilt als Schlüssel zur Beziehungsgestaltung. Sie erlaubt es, Grenzen aufzuzeigen und die eigenen Bedürfnisse auch im Konflikt mitzuteilen. Wertschätzende Kommunikation begegnet dem Gegenüber zu jeder Zeit mit Achtung, Respekt und Wertschätzung. Ganz im Gegensatz zu einem verbalen Machtkampf geht wertschätzende Kommunikation davon aus, dass jedes Individuum durch bewusstes und flexibles Einstellen auf das Gegenüber zum Ziel kommen kann.

2.1 Annehmen statt ablehnen!

Die Wahrnehmung des Gegenübers ist als Basis der Kommunikation kompromisslos anzunehmen und es ist ihr Respekt zu schenken. In der Folge erhöht sich die Wahrscheinlichkeit, dass das Gegenüber mir auf gleiche Weise begegnet.

Beispiel

Kind: Immer muss ich den Maltisch aufräumen, nie ein anderer.

Fachkraft: Ehrlich? Dann ist es gut, dass du das sagst. Ich habe nämlich das Gefühl, dass ich den Tisch sehr oft abräume, wenn alle Kinder abgeholt werden und einfach aufstehen und gehen.

Kind: ... das stimmt nicht, ich räume immer ab, wenn meine Mutter kommt.

Fachkraft: Das war mir gar nicht klar. Gut, dass du das sagst. Dann sollten wir mit den anderen Kindern darüber sprechen, damit keiner von uns allein aufräumen muss.

Um zu einer Lösung zu kommen, sollte der Meinung des Gegenüber nicht widersprochen werden. Empfindungen sind in Landkarten verankert, werden sie nicht respektiert, greift das die Landkarte des Gegenüber an, ohne dabei eine Lösung zu schaffen. Besser ist es, die Landkarte des Gegenüber kennenzulernen und zu schauen, welche Lösung für beide gut ist.

2.2 Verhalten ist nicht Person – Konfliktsituationen

Es sollte darauf geachtet werden, in Konfliktsituationen das Verhalten zu kritisieren, nicht die gesamte Person. Dabei sollten Fachkräfte stets die positive Absicht hinter dem Verhalten im Hinterkopf haben – auch wenn sie auf den ersten Blick nicht erkennbar ist. Auf diese Weise können Konfliktsituationen ruhiger gelöst werden. Indem die positive Absicht des Verhaltens erörtert wird, verändert sich der Blick auf das Verhalten und es kann wertgeschätzt werden.

> **Beispiel**
> Fachkraft: Du machst immer alles dreckig!
> Besser: Als du gerade mit den Schuhen von draußen reingelaufen bist, hast du den Fußboden dreckig gemacht.

Mit der zweiten Ausdrucksweise wird nicht nur das Verhalten anstelle der Person kritisiert, sondern die Fachkraft verdeutlicht, was das eigentliche Problem ist (die Schuhe sind schmutzig). Das Kind kann dies ändern, indem es seine Schuhe auszieht. Umgekehrt: Wenn das Kind »immer alles dreckig macht«, liegt es an der Person, die das Kind nicht ändern kann!

2.3 Immer und nie – lösen den Konflikt »nie«!

Verzichten Sie, soweit es Ihnen möglich ist, auf Verallgemeinerungen. Aussagen und Konflikte werden dadurch geschürt, dass sie verallgemeinernd dargestellt werden.

> **Beispiel**
> Du räumst nie den Tisch ab!
> Du machst immer alles dreckig!
> Nie machst du deine Hausaufgaben ordentlich!

Dabei ist es doch vollkommen unwichtig, ob das Fehlverhalten immer der Fall ist oder nur dieses Mal. *Dieses Mal* stört es die Zusammenarbeit, also sollte das Verhalten im Hier und Jetzt angesprochen werden. Durch die Aufzählung und Erinnerung an die letzten Male, vergrößert sich lediglich der Ärger, dass es wieder vorgekommen ist.

Lassen Sie *immer* und *nie* so gut es geht weg und entlasten Sie sich von den angestauten Gefühlen, die dadurch hochkommen. Verallgemeinerungen sind lediglich problemzentriert – lösungszentriert wäre es, wenn bereits im Konflikt eingeräumt wird, dass es Ausnahmen gibt.

> **Beispiel**
> Jeden Mittwoch vor dem Training machst du deine Hausaufgaben so unordentlich.

Diese Aufzählung beinhaltet gleichermaßen, dass die Hausaufgaben an anderen Tagen ordentlich gemacht werden. So wird eingeräumt, dass es Bedingungen gibt, die das ordentliche Erledigen der Hausaufgaben ermöglichen.

2.4 Sagen Sie, was Sie wollen, und nicht, was nicht wollen!
Das möchte ich so nicht!
Das geht auf gar keinen Fall!
Das können Sie so nicht machen!

Kennen Sie diese oder ähnliche Aussagen aus Ihrem eigenen Gesprächsfundus oder dem Ihrer Mitmenschen? Häufig neigen Menschen dazu zu sagen, was sie nicht möchten, was nicht geht oder wie sie es nicht haben möchten. Als Möglichkeit, Grenzen aufzuzeigen, ist diese Taktik sehr gewinnbringend. Der konstruktiven und zielführenden Zusammenarbeit wird damit jedoch ein Riegel vorgeschoben, da die Unterhaltung problemzentriert bleibt.

Besser wäre es, wenn Menschen sagen würden, was sie sich wünschen, sodass das Gegenüber ein Bild von der angestrebten Verbesserung hat.

Beispiel
Miri schießt im Garten mit dem harten Fußball. Als Tor nutzt sie das Klettergerüst und schießt wild dagegen. Da dort die anderen Kinder klettern, sollte Miri woanders spielen. Die Fachkraft sagt: Miri, du kannst hier nicht Fußball spielen, hier klettern die anderen Kinder.

Oder die Fachkraft sagt: Miri, hier klettern die Kinder. Wo könnte denn noch ein gutes Tor für dich sein? Du könntest gegen die Mauer schießen ...!

Im ersten Beispiel verneint die Fachkraft Miris Beschäftigung, ohne ihr weitere Handlungsmöglichkeiten anzubieten. Im zweiten öffnet sie die Tür für neue Optionen. Sie zeigt auf, dass Handlungen Grenzen haben (Fußball plus kletternde Kinder = Gefahr) und schaut mit Miri gemeinsam, welche Möglichkeiten sie dennoch hat. Damit zeigt sie zum einen vorbildhaft, dass ein Richtungswechsel sinnvoll ist, wenn man an Grenzen stößt, und zum anderen eröffnet sie bereits mit ihrer

Aussage (Miri, *hier* klettern die anderen Kinder. *Wo könntest du denn noch spielen?*), dass die Handlung an sich passend ist, nur der Ort unpassend. In einem anderen Raum kann Miri weiter spielen.

2.5 Formulieren Sie Aussagen und keine Fragen
Miri, kannst du auch woanders Fußball spielen?
Florian, könntest du den Tisch abräumen?
Kinder, räumt ihr bitte auf?

Im Alltag neigen Fachkräfte dazu ihre Anliegen als Fragen zu formulieren. Das ist wesentlich höflicher, klingt netter und freundlicher. Wenn man Kindern jedoch Fragen stellt, überlässt man ihnen die Wahl. Wenn Miri gefragt wird, ob sie auch woanders Fußball spielen kann, kann Miri dies verneinen. Dabei ist das nicht das Anliegen der Fachkraft. Sie will, dass Miri woanders spielt. Ein Wunsch oder eine Aufforderung sollten auch so formuliert werden:

Miri, spiel bitte woanders Fußball!
Florian, räum bitte den Tisch ab!
Kinder, räumt bitte auf!

Vielleicht klingen diese Aussagen weniger freundlich als die Fragen, jedoch sind sie klar und für jedes Kind verständlich.

Wenn Sie Kindern die Wahl lassen möchten, fragen sie die Kinder. Wenn Sie ein Anliegen haben, das berücksichtigt werden soll, dann fordern Sie höflich auf.

2.6 Das Gehirn kennt kein *nicht*
Zielführende Kommunikation hat noch einen weiteren Vorteil: Das Gehirn kennt kein *nicht*.

> **Beispiel**
> »Sieh nicht hin!« – Was tun Sie?
> »Denken Sie jetzt nicht an gestern!« – Was tun Sie?
> »Heute esse ich nichts zu Mittag!« – Woran denken Sie?

Bei verneinten Aussagen wie »das ist nicht schön!« erscheint im Gehirn das Wort »schön«. Da Kommunikation in unserem Kopf ein Bild erzeugt, sehen wir das Bild zu den Worten, die uns gesagt werden. Für *nicht* gibt es kein Bild.

> **Beispiel**
> Haben Sie ein Bild zum Wort *hinsehen?* Haben Sie ein Bild zum Wort *Essen?* Haben Sie ein Bild zu den Worten *nicht hinsehen* oder *nicht essen?*
> Sicherlich haben Sie aber ein Bild zu den Worten *Augen verschließen* (statt nicht hinsehen) oder *hungern* (statt nicht essen).

Gerade für Kinder ist es besonders schwierig auseinanderzuhalten, was denn nun eigentlich gemeint ist. Fachkräfte können Kinder in ihren Handlungsmöglichkeiten unterstützen, wenn sie nicht die Dinge benennen, die *nicht* möglich sind, sondern ihnen bildlich vorführen, was möglich ist.

Gleichzeitig wirkt sich zielführende Kommunikation für die gemeinsame Arbeit im Team und mit den Eltern aus. Wenn Sie benennen, was Sie sich wünschen, kann ihr Gegenüber sich viel eher auf Sie einstellen, als wenn Sie lediglich sagen, was Sie sich nicht wünschen.

Sagen Fachkräfte nur, was sie nicht möchten, eröffnen sie einen großen Interpretationsspielraum für das Gemeinte. Benennen Fachkräfte gerade heraus, was sie sich wünschen, kann das Gegenüber viel leichter darauf hinwirken und beide Parteien kommen zu einem Konsens.

> **Beispiel**
> Ich finde unsere Zusammenarbeit verläuft nicht gut.
> Ich finde, wir sollten enger zusammenarbeiten und mehr Zeit zum Austausch einplanen.

2.7 Empathie und Flexibilität als Grundlage der wertschätzenden Kommunikation

Mit Empathie können Sie sich stets auf Ihr Gegenüber einstellen. Flexibilität brauchen Sie, wenn Reaktionen anders verlaufen als von Ihnen erwartet: Darauf können Sie angemessen reagieren. So bestimmen Sie durch Ihre Reaktion, in welche Richtung das Gespräch verläuft.

Jeder kennt das »Hochschaukeln eines Konflikts«, wenn aus Unterhaltungen Wortgefechte und Angriffe werden. Seien Sie sich Ihres Anteils daran und Ihrer Möglichkeiten bewusst: Sie können sich auf verbale Angriffe einlassen, müssen es aber nicht. Wenn die Unterhaltung nicht hochkochen soll, verhalten Sie sich ruhig und reagieren Sie mit Empathie und Wertschätzung auf Ihr Gegenüber. Dabei können Sie nur gewinnen: Wenn Sie gelassen bleiben, wird Ihr Gegenüber entweder trotzdem wütend, dann haben Sie keine kostbare Energie verschwendet. Oder, und das ist viel wahrscheinlicher: Ihr Gegenüber wird sich von Ihnen anstecken lassen und ebenfalls seine Emotionen regulieren, um sachlich mit Ihnen debattieren zu können.

> **Beispiel**
> Die Mutter von Janna kommt aufgebracht zur Fachkraft und beschwert sich, dass Janna mal wieder vollkommen dreckig ist. Sie fragt die Fachkraft energisch, wie es denn sein könne, dass jeden Tag Essen auf Jannas Oberteil landet.
> Die Fachkraft bleibt entspannt und sagt, dass es ihr leid täte. Es habe heute Tomatensauce gegeben, daher das schmutzige Oberteil. Die Fachkräfte könnten leider nicht dafür Sorge tragen, dass die Kinder nicht kleckern. Sie fragt die Mutter, was sie vorschlage, damit das nicht wieder passiert.

Flexibilität meint ebenso, Gesprächsinhalte des Gegenübers in der eigenen Wahrnehmung zu reflektieren. Reagieren Sie flexibel auf die Inhalte des Gegenübers und verstehen Sie sich dabei als lernend. Um die eigene Landkarte zu erweitern ist es notwendig, neue Wahrnehmungen mit der eigenen Landkarte abzugleichen. Nur so kann sich Ihre Landkarte und Ihre Wahrnehmung stetig erweitern. Dabei gilt es wieder, die Balance zu finden zwischen dem, was bisher wahrgenommen wurde, und dem, was als neue Einsicht hinzukommt. Passt dies in das eigene Bild der Welt (Landkarte)? Flexibilität ist die Kompetenz, beide Gesprächspartner auf einen Konsens einzupendeln. Indem Sie sich flexibel auf die Gesprächsinhalte des Gegenübers einstellen können, diese möglicherweise sogar für sich nutzen können, begünstigen Sie eine Gesprächsebene, auf der beide Parteien von der Wahrnehmung des Gegenübers profitieren.

> **Beispiel**
> Claudia beschwert sich bei ihrer Kollegin, dass sie jeden Tag den Müll rausbringen muss. Nie würde Helga die Aufgabe übernehmen. Helga ist überrascht von Claudias Aussage und erklärt ihr, dass sie dachte, dass es für Claudia in Ordnung wäre, die Aufgabe zu übernehmen, dafür würde sie ja die Kinder verabschieden. Claudia fragt Helga ironisch, ob sie nicht glaube, dass es schöner wäre, die Kinder zu verabschieden als den Müll rauszubringen. Helga bleibt gelassen und antwortet, dass sie es in der Tat angenehmer fände, den Müll rauszubringen, um dadurch eine kleine Auszeit vom Gruppenalltag zu haben. Sie dachte, sie würde Claudia einen Gefallen tun, indem sie die Verabschiedungsrunde übernimmt.

Flexibilität gilt auch im Hinblick auf das Gesprächsziel. Bleiben Sie zielorientiert, ohne dabei die Entwicklung des Gesprächs stetig mit dem Ziel abzugleichen. Möglicherweise ergeben sich während des Gesprächs neue, andere Ziele, weil Sie einen Wahrnehmungsaustausch vorgenommen haben. Oder Sie bemerken, dass Ihr Gegenüber ein ganz anderes Ziel verfolgt. So können Elterngespräche einberufen werden zu einem bestimmten Thema, der Inhalt kann sich jedoch im Gespräch in eine vollkommen andere Richtung entwickeln. Vor dem Gespräch ist das Gesprächsziel aus Sicht der Fachkraft festgelegt, im Gespräch kommen die Sichtweise, die Sorgen und die Ziele der Eltern hinzu und beeinflussen den weiteren Gesprächsverlauf. Wenn sich Fachkräfte darauf flexibel einstellen, wird ein Gespräch wesentlich zielführender für beide Parteien verlaufen, als wenn strikt das geplante Ziel verfolgt wird. Durch Flexibilität nehmen Sie die Anliegen Ihres Gegenübers wahr und schenken ihm damit das Gefühl, dass seine Themen ebenso wichtig sind wie die Ihren. Im Konsens gelingt es viel eher, dass Eltern sich für die Anliegen der Fachkraft öffnen und diese wahrnehmen.

2.8 Offen sein für die Landkarte des Gegenübers als Basis für Empathie

Wenn Sie sich offen zeigen für die Landkarte Ihres Gegenübers, können Sie sich bestmöglich in seine Lage versetzen. Die Fähigkeit der Empathie ist wichtig für die Beziehung zu Menschen. Besonders hilfreich ist sie dann, wenn sich Gesprächspartner nicht nur in den anderen hineinversetzen können, sondern zusätzlich einen Einblick in das Lebensfeld und die Wahrnehmung ihres Gegenübers gewinnen; wenn also Handlungsabsichten im Rahmen der Landkarte des Gegenübers eingeordnet werden können oder Wahrnehmungen abgeglichen werden – so wie am Beispiel von Claudia und Helga: Die beiden haben eine unterschiedliche Wahrnehmung ihrer Aufgaben. Wenn sie sich offen zeigen für die Wahrnehmung der Bedürfnisse ihres Gegenübers, gelingt es besser sich in dessen Gefühlslage hineinzuversetzen.

Beispiel
Wenn Claudia versteht, dass Helga das Rausbringen des Mülls als kurze Ruhepause versteht, ist es eine sehr nette Geste, dass sie Claudia diesen Gang ermöglicht. Ebenso umgekehrt: Wenn Helga versteht, dass Claudia sich viel lieber mit den Aufgaben abwechseln würde, kann sie sich darauf gut einstellen.

2.9 Wertschätzende Kommunikation als Übung im Alltag

Die Anwendung wertschätzender Kommunikation soll kein Krampf sein. Sie lebt und festigt sich durch Übung. Durch Ausprobieren, Abschätzen und Reflektieren werden Sie schnell merken, wie leicht es ist, im Alltag wertschätzend zu kommunizieren. Einmal angewendet, werden Sie nicht nur Erfolg verspüren, sondern Freude, die Sie automatisch zum Weitermachen veranlassen wird. Reflektieren Sie einmal, wann Sie wertschätzende Kommunikation bereits anwenden und wie Ihre Erfahrungswerte aussehen.

Haben Sie einen Konflikt schon mal ähnlich gelöst wie Helga und Claudia? Haben Sie schon mal aufgebracht Ihrem Ärger freien Lauf gelassen und Ihr Gegenüber konnte Sie besänftigen? Wie ist das gelungen? Was haben Sie als besonders angenehm empfunden?

2.10 Wertschätzende Kommunikation und Konflikte

Viele Konflikte entstehen durch hochkochende Emotionen oder Unverständnis. Dass Emotionen wenig mit dem Konflikt im Hier und Jetzt zu tun haben, sondern häufig Altlasten wieder aufflammen, ist in einer angespannten Situation schwer zu durchschauen.

In Konflikten haben Sie als wertschätzender Gesprächspartner die Wahl, sich auf den Konflikt und die Gefühle einzulassen und diese auf Ihren Konflikt zu beziehen – oder Sie betrachten den Konflikt als einen Austausch auf der Sachebene, der durch Gefühle aus anderen Erfahrungen auf die emotionale Ebene abdriftet. Sie können das Gespräch aktiv wieder auf die Sachebene lenken, indem Sie wahrnehmen und annehmen! Um das Gegenüber in ruhigeres Fahrwasser zu bringen, sollten Sie seine Gefühle respektieren. Da Beziehung sich immer über Annehmen des Gegenübers aufbaut, können Sie auf diesem Weg zur Entspannung der Gesprächssituation beitragen.

Ich kann verstehen, dass dich das sauer macht, das wollte ich nicht. Mein Anliegen war es lediglich …

Ich sehe, dass du dich ärgerst, das war nicht mein Ziel. Mein Wunsch war es vielmehr …

Interpretieren Sie dabei keine Gefühle in Ihr Gegenüber, sondern spiegeln Sie, was Sie sehen.

3 »Schwierige Kinder« gibt es nicht – Schaffen Sie ein ressourcenreiches Umfeld!

»Schwierige Kinder« – gibt es die wirklich? Aggressive Kinder, hyperaktive Kinder, überaus schüchterne oder anderweitig auffällige Kinder haben es in unserer Gesellschaft schwer. Sie gelten allgemein als schwierig und genau so tritt man ihnen gegenüber. Man ist schon auf der Hut, bevor sie ausflippen könnten, packt sie in Watte, damit sie sich so verhalten, wie es gewünscht ist, oder passt die Umgebung dem »schwierigen Kind« an – Hauptsache, es flippt nicht aus! Im KIDS-COACHING gibt es keine schwierigen Kinder, es gibt nur zu optimierende Umstände und die Option, einen neuen Blick auf das Kind und seine Landkarte zu gewinnen.

Im festen Glauben, dass jeder Mensch von Grund auf positiv ist, jedes Verhalten einen Sinn ergibt und einer positiven Absicht folgt, gibt es keine schwierigen Kinder – es gibt aber sicherlich Verhalten, dass im Einklang mit der sozialen Umwelt schwieriger zu »handlen« ist. Dabei bleibt jedoch die Frage, für wen es eigentlich schwierig ist: Für die Umwelt oder für das Kind, welches stets an Grenzen, auf

Unverständnis und negative Reaktionen stößt? Nicht die Menschen der sozialen Umgebung sind die Leidtragenden, sondern das Kind, das mit seinem Verhalten eine Reaktion einfordert, die ihm bestätigt, dass es »schwierig« ist. Das Rad der *Selffulfilling Prophecy* dreht sich mit den Komponenten: »Auffälliges Verhalten führt zu Aufmerksamkeit führt zu auffälligem Verhalten führt zu Aufmerksamkeit«.

Auch wenn es auf den ersten Blick nur schwer nachvollziehbar erscheint, wird auffälliges Verhalten wie auch angepasstes Verhalten dazu genutzt, eine bestimmte Reaktion zu erlangen. Dabei ist das Erlangen von Aufmerksamkeit sowohl positives als auch negatives Ziel: Auch Schimpfen, ein böser Blick oder der Ausschluss aus einer Spielsituation bedeutet Erlangen von Aufmerksamkeit.

Im KIDS-COACHING wird davon ausgegangen, dass auch solches Verhalten in die Landkarte des Kindes passt. Scheinbar gebührt ihm die Rolle der Person, die immer negativ auffällt, die immer Ärger bekommt und »die man ja nirgendwo mit hinnehmen kann«. Es ist notwendig, die Landkarte des Kindes zu erweitern und ihm andere Verhaltens- und Rollenmöglichkeiten aufzuzeigen. Nur auf diese Weise lernt es, dass es auch auf andere Weise Reaktionen auf sein Verhalten erlangen kann.

Dabei gibt es auch im KIDS-COACHING keine allgemeingültigen Interventionen, diese sind so individuell wie die Kinder. Es gibt lediglich Anregungen und Erfahrungen, die als Impulse für individuelle Optimierungsmöglichkeiten dienen. So scheint es häufig, dass auffälligen Kindern eine Aufgabe fehlt, in der sie Selbstvertrauen, Stärke und Bedeutung verspüren.

3.1 Geben Sie Kindern Bedeutung!

Ein guter Weg, das Selbstvertrauen und die Stärke zu fördern mit dem Ziel, neue Verhaltensmuster zu festigen, ist es, Kindern eine Bedeutung zu schenken. Dies passiert, indem sie eine Aufgabe und Verantwortung erlangen und ihnen Menschen ohne negative Erwartungshaltung begegnen. Gewinnen Kinder Bedeutung für jemanden, entwickeln sie darüber eine Bedeutung für sich selbst. Indem das Gegenüber dem Kind spiegelt, dass es wichtig ist, dass es da ist, nimmt das Kind diese externe Sichtweise in seine Landkarte auf und verinnerlicht sie. Das

Bild, nach welchem das Kind wichtig ist, wird in der Landkarte verankert und strebt nun nach ebendieser Vollkommenheit, wie es das vorher auffällige Verhalten tat.

> **Beispiel**
> Karl fällt in der Kindergruppe häufig durch aggressives Verhalten den anderen Kindern gegenüber auf. Entsprechend sind die Eltern der anderen Kinder Karl gegenüber sehr distanziert und meiden den Kontakt zu ihm. Die Fachkräfte haben sich nun überlegt, dass es Abholbeauftragte unter den älteren Kindern gibt. Zwei der Kinder kümmern sich regelmäßig darum, dass es mit den Eltern der Kinder einen kurzen Austausch gibt, was heute in der Einrichtung gespielt und gemacht wurde. Auf diese Weise lernen die Eltern Karl in einer anderen Rolle kennen und können ihr Bild von ihm revidieren.

3.2 Haben Sie Vertrauen!

Beobachten Sie sich in Ihrer täglichen Arbeit dabei, ob Ihr Verhalten kindabhängig ist. Fachkräfte können sich sicherlich nicht jedem Kind gegenüber objektiv gleich verhalten, das würde jede individuelle Arbeit verhindern. Jedoch zeigt sich gerade bei auffälligen Kindern, dass Fachkräfte besonders vorsichtig und achtsam sind. So stehen auffällige Kinder viel mehr unter Beobachtung als unauffällige. In einigen Situationen ist das sicherlich notwendig, aber überlegen Sie einmal, wie oft Sie auf dem Spielplatz nach dem auffälligen Kind schauen und wie oft nach dem wohlintegrierten.

Reflektieren Sie, in welcher Stimmlage Sie den Namen des auffälligen Kindes im Gegensatz zu einem unauffälligen Kind sagen. Reflektieren Sie, wie oft Sie das auffällige Kind für die verantwortungsvollen Aufgaben einsetzen.

Die Beweggründe, warum Fachkräfte auffälligen Kindern anders begegnen, sind zunächst nebensächlich. Viel dringender ist, dass Fachkräfte dem Kind das Entdecken einer neuen Rolle verwehren, wenn sie keinen Perspektivenwechsel vornehmen. Daher ist es besonders wichtig, auch einem auffälligen Kind einen Vertrauensvorschuss zu schenken, damit er sich in der Rolle beweisen kann.

Beispiel

Flynn, 8 Jahre, spielt mit der kleinen Ellen, 2 Jahre, Fußball. Die Fachkräfte stehen daneben und achten genauestens auf Flynns Schüsse und Bewegungen. Es zeigt sich jedoch, dass er mit Ellen sehr behutsam spielt. Obwohl Flynn wegen einem Mangel an Kräftebewusstsein und Unruhe auffällt, schießt er Ellen den Ball sehr behutsam zu, sodass sie ihn mit ihrem kleinen Körper stoppen kann.

Für die Praxis:
- Auch auffällige Kinder haben positive Handlungsabsichten!
- Gerade auffällige Kinder brauchen Annahme, Wertschätzung und Wahrnehmung!
- Das Verhalten passt in die Landkarte des Kindes!
- Eine neue Rolle verändert das eigene Bild in der Landkarte!
- Auffällige Kinder brauchen sichere und vertraute Partner!
- Fachkräfte dürfen Aufgaben abgeben, wenn sie merken, dass die Geduld bröckelt. Lieber Aufgaben abgeben als dem Kind ohne Wertschätzung begegnen!

Versetzen Sie sich in die Lage des Kindes und betrachten Sie die Reaktionen der Umwelt auf das Kind. Wie würde es Ihnen mit diesen Reaktionen gehen, was würden sie auslösen? Was würden Sie sich wünschen? Wie würde es Ihnen als auffälliges Kind besser gehen?

Zu guter Letzt: Jeder Weg kann Rückschritte und Stolpersteine beinhalten. Gibt es ein Verhalten, welches Sie sich schon einmal abtrainiert haben? Was hat Ihnen geholfen?

4 Tief durchatmen und Gelassenheit bewahren

Ob Kinder nun gerade eine herausfordernde Entwicklungsphase oder ob sie einfach einen schlechten Tag haben, mit tief Durchatmen und Gelassenheit ist jedem Kind zu jedem Zeitpunkt geholfen. Ein Kind, das sauer, trotzig oder wütend ist, ist es nicht auf sein Gegenüber, sondern auf sich selbst, weil es nicht in der Lage ist, die Dinge so zu drehen, wie es das möchte. Auch wenn ein Kind die Wut ganz klar in Richtung der Fachkräfte äußert, im inneren Kern geht es um eine

Emotion, die sich jederzeit gegen das Kind selbst dreht. Gerade in herausfordernden Situationen entwickelt sich der Umgang mit den eigenen Emotionen. Sie als Fachkräfte spiegeln dem Kind den Umgang mit seinen Emotionen. Ihre Reaktion auf das Kind prägt sich als Bild in die Landkarte des Kindes ein.

Auch wenn es besonders schwer ist in einer Situation, in der das Kind Sie ganz bewusst mit seinen Aktionen provozieren möchte, bleiben Sie für sich und für das Kind ruhig. Nehmen Sie ruhig ganz bewusst einen tiefen Atemzug! Denken Sie immer daran, die Wut richtet sich nicht gegen Sie, auch wenn das Kind Sie noch so reizt. Es geht ihm darum, Grenzen auszuloten um den eigenen Willen durchzusetzen.

> **Beispiel**
> Wann wollten Sie das letzte Mal etwas gegen den Willen Ihres Gegenübers durchsetzen und es hat Sie richtig aufgeregt, dass es nicht so klappt, wie Sie es sich wünschen? Und was hat Ihnen geholfen bzw. welche Reaktion von einem Außenstehenden hätte Sie beruhigt?
>
> Hätte Ihnen ein Gegenüber geholfen, das Sie zurechtweist für Ihre übertriebene Reaktion? Oder ein Gegenüber, das Sie ignoriert? Oder ein Gegenüber, das Ihre Reaktion richtig gut nachvollziehen kann und Verständnis für Sie zeigt. Mit wem hätten Sie eine Lösung für Ihr Anliegen gefunden?

In dem Moment, indem Sie sich über ein Kind aufregen, schaukelt sich die Situation hoch. Indem Sie ruhig und gelassen bleiben und Verständnis zeigen, kann die Situation sich entspannen. Gleichzeitig vermitteln Sie dem Kind: Du darfst dich ärgern, du darfst dich aufregen und wütend sein und wirst dennoch wertgeschätzt. Daraus folgt für das Kind, das sein eigenes Verhalten zwar nicht zu steuern, aber in seiner negativen Wirkung durchaus einzuschätzen weiß: Mein Gegenüber ist mir wohl gesonnen trotz meines Verhaltens. Das Kind beruhigt sich und möchte Ihnen wieder positiv gegenübertreten.

> **Beispiel**
>
> Marco möchte unbedingt in den Garten gehen. Heute Nachmittag ist dies allerdings nicht möglich, da eine andere Gruppe im Garten eine Aktion vorhat. Marco schleicht sich immer wieder in den Flur, zieht sich die Schuhe an und grinst die Fachkraft an. Als diese ihn mit in die Gruppe nimmt und sich neben die Tür setzt, sodass Marco nicht heimlich entwischen kann, schmeißt er sich wütend auf den Boden und schreit sie an. Nachdem er seinem Ärger Luft gemacht hat, weint er. Die Fachkraft nimmt ihn in den Arm und sagt ihm, dass sie gut verstehen könne, dass er so wütend sei. Dabei zeigt sie Verständnis und Wertschätzung für Marcos Verhalten. So gelingt es Marco leichter, wieder zur Ruhe zu kommen.

Lassen Sie das Kind in herausfordernden Situationen nicht allein, stehen Sie ihm bei und helfen Sie ihm im Umgang mit seinen Emotionen. Zeigen Sie ihm, dass Emotionen gut sind und wie mit diesen umzugehen ist. Nehmen Sie Wut, Aggression und Trotz an und loten Sie Möglichkeiten für ein angebrachtes Ausleben aus. Achten Sie dabei darauf, was das Kind möchte. Ein Kind, das die Fachkraft wegschickt, darf auch allein sein. Gehen Sie zehn Minuten später nochmal nach ihm schauen und versuchen Sie, ins Gespräch zu kommen.

5 Fachkräfte als Schatzsucher

Als Fachkraft sind Sie Entwicklungsbegleiterin, Sie sind Berater, Sie sind Mitentdecker und Sie sind Schatzsucherin. Jedes Kind trägt eine Schatzkiste in sich, voller Kompetenzen und Fähigkeiten, voll von Gutem und Liebenswertem. Jedoch ist der Inhalt häufig noch unentdeckt. Ihre Aufgabe ist es, die Schätze freizulegen. Diesen Gedanken sollten Sie sich gerade bei herausfordernden Kindern stets vor Augen halten.

Kinder, an denen Fachkräfte anfänglich wenig Liebenswertes finden oder die sich eher störend verhalten, verfolgen ein Ziel. Das Verhalten, das sie im pädagogischen Alltag zeigen, passt in ihr Bild der Welt, ihre Landkarte.

> **Beispiel**
> Kinder, die nicht »Guten Morgen« sagen, werden es nicht gewohnt sein.
> Jugendliche, die trotz Vertrauensvorschuss die Fachkraft wieder enttäuschen, werden nicht gewohnt sein, dass man sich auf sie verlässt. Gleichzeitig verhalten sie sich, wie es die Menschen tun, auf die sie sich verlassen.

Es gilt, das Gute im Kind zu finden und herauszukitzeln. Damit werden zwei Ziele verfolgt. Zum einen wird jedes Kind sympathischer, wenn man etwas Gutes in ihm entdeckt. Zum anderen verhalten sich Fachkräfte damit ihm gegenüber automatisch anders: Das Kind, das früher »nervig« oder »anstrengend« war, ist dann »liebevoll« und »warmherzig«. Ein Perspektivenwechsel gelingt. Wenn es Ihnen gelingt, sich auf das Positive in jedem Kind zu fokussieren, können Sie viel leichter erkennen, was dem Kind gut tut und unter welchen Bedingungen sich das Kind von seiner positiven und kompetenten Seite zeigen kann. Damit können Sie Umweltfaktoren so verändern, dass die Kompetenzen des Kindes in den Vordergrund rücken. Durch die Erfahrung, eine neue Rolle einzunehmen, Kompetenzen zu zeigen, wird sich zusätzlich das Bild des Kindes von sich selbst verändern. Ein neues Bild erscheint auf seiner Landkarte. Je öfter es sich in der neuen Rolle ausprobiert, desto eher verfestigt sich das Verhalten und schenkt die gleiche routinierte Sicherheit wie vorher das unangemessene Verhalten.

Es ist von besonderer Bedeutung, dass Sie als Fachkraft Lust darauf haben, das Positive im Kind zu entdecken. Schnell werden Sie merken, dass Sie damit nicht nur dem Kind etwas Gutes tun, sondern auch Ihre Arbeit auf diese Weise bereichert wird. Sie ärgern sich nicht mehr über die unsympathischen Charakterzüge der Kinder, sondern betrachten Sie aus einem neuen, positiven Blickwinkel.

Rufen Sie sich die Kinder in den Kopf, die Sie unsympathisch finden, von denen Sie sich genervt fühlen! Überlegen Sie sich zu jedem, welche positive Eigenschaft oder Fähigkeit dieses Kind auch mitbringt.

Das können Sie ebenso mit Menschen in Ihrer Umgebung machen (Kollegen, Bekannte …).

6 Fachkräfte als Vorbild – zu jeder Zeit!

> Du bist zeitlebens für das verantwortlich,
> was du dir vertraut gemacht hast.

6.1 Ehrlich währt am längsten

Der Spruch von Antoine de Saint-Exupéry (1900–1944) könnte auch lauten: Du bist zeitlebens für das verantwortlich, was dir vertraut gemacht wurde. Neben eigenen Erfahrungen prägen Vorbilder das Leben der Kinder. Fachkräfte sind wichtige Vorbilder und geben maßgebliche Orientierungshilfe, um sich im Leben zurechtzufinden. Wenn Fachkräfte eine freundliche und offene Art haben, mit den Menschen in ihrem Leben umzugehen, wird sich das in der Betreuungseinrichtung im Umgang der Kinder untereinander widerspiegeln. Wenn Fachkräfte hingegen unsicher, unachtsam und grenzüberschreitend sind, ist es wahrscheinlich, dass die Kinder sich ebenso verhalten. Fachkräfte sind zu jeder Zeit Vorbilder, auch wenn sie mit Kollegen arbeiten, sich über Eltern unterhalten oder private Ereignisse erzählen.

> **Beispiel**
> In einer Betreuungseinrichtung propagieren die Fachkräfte ein friedvolles Miteinander der Kinder, einen respektvollen Umgang und Wertschätzung jedem Einzelnen gegenüber. Dabei werden Konflikte gelöst, indem beide Seiten ihre Bedürfnisse äußern dürfen, Kompromisse gefunden werden und jede Meinung Respekt erwarten darf. Die Mitarbeiter handeln im Miteinander allerdings anders: Wenn Bärbel das Mittagessen angerichtet hat, stürmt sie in den Gruppenraum und ruft ins Geschehen hinein, dass das Essen angerichtet ist. Dabei nimmt sie keine Rücksicht darauf, dass Marta gerade mit einer Gruppe bastelt.

Die Kinder erleben, dass es scheinbar in Ordnung ist, die eigenen Bedürfnisse über die der anderen zu stellen. Gleichzeitig scheint die Aktivität von Marta nicht so wichtig zu sein wie die von Bärbel. Es scheint auch nicht wichtig, sich erst einen Überblick zu verschaffen, bevor etwas angeordnet wird.

Vorbilder wirken nicht nur durch professionelles Verhalten, sie wirken durch Authentizität. So können Fachkräfte zwar propagieren, dass Konflikte in Kompromissen gelöst werden, dass Wertschätzung und Achtung den Umgang miteinander bestimmen und dass jede Meinung respektiert wird – wenn sie sich in ihrem eigenen Umgang mit Kollegen anders verhalten, ist genau das die authentische Vorbild-Darstellung, die Kinder wahrnehmen.

Vorbildverhalten ist nichts Gelerntes oder Einstudiertes, es lebt von der Authentizität der Fachkraft. Daher ist es umso wichtiger, sich des eigenen Umgangs mit Menschen bewusst zu werden.

> **Beispiel**
> Erarbeiten Sie im Team ein Konzept der pädagogischen Ziele für Ihre Arbeit. Welche Haltung haben Sie Eltern und Kindern gegenüber? Betrachten Sie dann, inwieweit Sie diese Haltung dem Kollegenkreis gegenüber einnehmen und ob Sie für sich die gleichen pädagogischen Ziele befolgen.

Oft ist es so, dass Fachkräfte für die Kinder Methoden und Handlungsweisen bereithalten, die im Miteinander des Teams nur wenig Anwendung finden. Nutzen Sie Ihre pädagogische Kompetenz nicht nur für die Arbeit mit den Kindern, sondern profitieren Sie auch im Team von Ihren Kenntnissen. Ein wertschätzendes und respektvolles Miteinander wirkt sich auf den gesamten gemeinsamen Alltag aus.

6.2 Nobody's perfect!

Das Bild des perfekten Erwachsenen taugt nicht als Vorbild, weil es Kindern weismacht, Erwachsene machten keine Fehler. Kinder brauchen Vorbilder, um genau das Gegenteil zu lernen: dass es nicht schlimm ist, wenn Dinge nicht klappen.

- Wie soll ein Kind mit Niederlagen umgehen lernen, wenn es nicht erlebt, dass Erwachsene Niederlagen erleben und wegstecken?
- Wie soll ein Kind lernen, dass alles gut werden kann, auch wenn Dinge nicht immer so passieren, wie man sie plant?
- Wie kann ein Kind lernen mit Emotionen umzugehen, wenn Erwachsene die eigenen verbergen?

Kinder brauchen Fachkräfte mit Emotionen, die freudige und unerfreuliche Momente erleben und die dabei dennoch nicht das Ziel und die Motivation verlieren. Haben Sie keine Angst, das Kind auch an schwachen Momenten teilhaben zu lassen; das wird ihm helfen zu sehen, wie Sie damit umgehen, und ihm zeigen, dass ein Ärgernis kein Weltuntergang ist.

Erklären Sie auch, wenn Sie einmal nicht optimal gehandelt haben, und stehen Sie dazu. Nur so wird das Kind lernen, dass Erwachsene mit Misserfolgen umzugehen wissen. Es wird Sie dann viel eher als Ratgeber suchen bei eigenen Misserfolgen. Wenn Fachkräfte Perfektion vorleben, können sie dabei nicht authentisch sein – niemand ist perfekt.

Beispiel
Bärbel richtet das Mittagsessen und stürmt in die Gruppe ohne zu beachten, dass Marta mit den Kindern bastelt. Beim Mittagessen erklärt Marta Bärbel, dass sie gerade gestört hat und fragt, ob sie sich beim nächsten Mal kurz besprechen können, sodass die Kinder nicht aus ihrer Beschäftigung gerissen werden. Bärbel war dieser Aspekt nicht bewusst und sie entschuldigt sich bei Marta.

Indem Fachkräfte menschlich sind, mit Stärken und Schwächen behaftet, sind sie zu jeder Zeit authentisch. Wenn Fachkräfte perfekt sind, stellen sie sich nicht mit den Kindern auf eine Ebene, denn Kinder können in ihrem Entdecken der Welt niemals perfekt sein. Wenn Sie als Fachkräfte sich ebenfalls als stetigen Weltentdecker verstehen, wenn Sie ebenfalls Misserfolge erleben, stehen Sie auf einer Stufe mit dem Kind, was Ihre Beziehung automatisch stärkt. Durch diese Beziehung und das Leben auf Augenhöhe werden Sie zum viel intensiveren, weil lebendigeren Vorbild, als es scheinbar perfekte Menschen je sein könnten.

Daher: Mut zu Authentizität – solche Vorbilder brauchen Kinder!

7 Entwicklung von Autonomie

»Rom ist auch nicht an einem Tag erbaut worden!«

7.1 Nehmen Sie sich Zeit!

Beispiel

David soll trocken werden. Die Fachkraft hat mit den Eltern vereinbart, ihm keine Windel mehr anzuziehen, jedoch zeigt sich, dass David mehrmals am Tag einnässt. Die Fachkraft bespricht mit den Eltern, David noch mehr Zeit zu geben und zu einem späteren Zeitpunkt den Prozess fortzuführen.

Kinder brauchen Zeit! Aus eigener Erfahrung ist bekannt, dass Dinge am wenigsten gelingen, wenn wir gedanklich schon einen Schritt weiter sind. Zur vollen Konzentration müssen die Gedanken im Hier und Jetzt sein dürfen. Es verlangt Ruhe zur Konzentration und niemanden, der einen antreibt, die Dinge schneller voranzutreiben.

Ebenso ist es mit der Entwicklung der Autonomie bei Kindern: Kinder brauchen Zeit und Ruhe zur vollen Konzentration. Dabei zeigt sich: Je mehr Zeit Kinder haben, um sich zu konzentrieren, und je mehr Ruhe sie sich dabei suchen, desto schneller kommen sie zum Ergebnis.

Gleichzeitig setzt Autonomie eine körperliche Reife voraus. Das Kind gibt das Entwicklungstempo vor. Zwar können Eltern und Fachkraft David auf dem Weg zum Trockenwerden begleiten und ihn stärken, dennoch braucht es Davids körperliche und geistige Reife, um den Prozess erfolgreich zu meistern.

Vertrauen Sie den Kindern, sie geben den richtigen Zeitpunkt vor!

7.2 Schaffen Sie Räume

Beispiel

Johanna möchte sich gern allein die Schuhe zumachen. Ohne dass sie bisher die Schleife geübt hat, setzt sie sich hin und probiert. Sie möchte sich partout nicht helfen lassen und ist hochkonzentriert. Die Kinder möchten auf den Spielplatz gehen, Johanna braucht sehr lange für ihre Versuche, sich die Schuhe zu binden. Die Kinder werden langsam ungeduldig, die Fachkraft ebenfalls. So bittet die

Fachkraft Johanna, ihr helfen zu dürfen, da die anderen Kinder alle warten. Sie verabreden, gleich auf dem Spielplatz das Schleifebinden zu üben, und die Fachkraft verspricht Johanna, dass sie vor Ort sehr lange Zeit dafür haben wird.

Leider ist es Fachkräften nicht immer möglich, den Kindern Ruhe und Zeit zu lassen. Gerade in solchen Situationen lernen Kinder andererseits, die eigenen Bedürfnisse in Einklang mit denen der Gruppe zu bringen. Auf jeden Fall sollte Johanna die Möglichkeit bekommen, in Ruhe das Schleifebinden zu üben. Die Fachkraft könnte sich mit Johanna auf dem Spielplatz hinsetzen, damit sie in Ruhe üben kann. Oder sie bietet an einem anderen Nachmittag an, gemeinsam zu üben.

Wichtig ist es Räume zu schaffen, in denen Autonomie geübt werden kann – nur so können autonome Handlungen gestärkt werden.

7.3 Die Kinder geben die Schritte vor

Beispiel

Mara soll im Schwimmunterricht vom 3-Meter-Brett springen. Sie traut sich jedoch nicht, da sie noch nie vom Startblock ins Wasser gesprungen ist. Sie bittet darum, erst mal vom Startblock springen zu dürfen, bevor sie weiter hochsteigt.

Die anderen Kinder springen vom 3-Meter-Brett, Mara testet ein paarmal den niedrigeren Sprung. Nachdem sie sich sicher fühlt, steigt sie auf den 3-Meter-Turm. Da ihr diese Höhe jedoch noch zu hoch ist, verzichtet sie auf den Sprung.

Kinder können ihre Fähigkeiten sehr gut einschätzen und entsprechend gut entscheiden, ob sie Aufgaben bereits meistern können, ohne sich zu überfordern. Indem Fachkräfte die selbst bestimmten Lernschritte der Kinder akzeptieren, stärken sie dabei gleichzeitig das autonome Handeln der Kinder.

Natürlich kann nicht jede Entscheidung vom Kind getroffen werden, so viel steht fest. Jedoch sollten sich Fachkräfte stets fragen, inwieweit und warum ist es notwendig, dass das Kind eine Vorgabe erfüllt? Wäre es zum Beispiel nötig, dass Mara vom 3-Meter-Brett springt?

Autonomie kann nur entstehen, wenn Kinder sich darin üben können: Sie brauchen Zeit, um eigenständige Entscheidungen zu treffen und sollten Respekt dafür erwarten dürfen. Zwar heißt das nicht, dass die Umwelt sich immer nach den Bedürfnissen des einzelnen Kindes zu richten hat, doch nur im Streben nach eigenen Bedürfnissen kann der Einklang mit den gesellschaftlichen Bedingungen gefunden werden. Autonomie kann nur gestärkt werden, indem Kinder autonom entscheiden dürfen und dafür respektiert werden.

8 Was Fachkräfte mitbringen sollten ...

8.1 Reflexion

Wenn Fachkräfte als maßgebliche Vorbilder der Kinder dienen, verlangt das die Reflexion des eigenen Verhaltens. Verhalten ist immer eine Reaktion auf Reize, Umwelteinflüsse und momentane Gegebenheiten, es erscheint oft spontan und reflexartig. Es geht nicht darum, dass sich Fachkräfte perfekt verhalten sollen, sondern darum zu prüfen, inwiefern Verhaltensziele erreicht werden und wie die Umwelt auf das eigene Verhalten reagiert. Zusätzlich können Fachkräfte die Reflexion nutzen, um Kindern zu zeigen, dass auch Erwachsene sich mit dem eigenen Verhalten auseinandersetzen. Indem Fachkräfte sich offenkundig reflektieren, leben sie den Kindern Reflexion vor. Auf diese Weise lernen Kinder sich ebenfalls mit dem eigenen Verhalten auseinanderzusetzen. Gleichzeitig zeigen Fachkräfte, dass auch sie nicht immer »richtig« handeln und schaffen damit die offene Atmosphäre, die Kinder benötigen, um ebenfalls von unangemessenen Handlungen zu berichten.

> **Beispiel**
> Die Fachkraft geht mit zwei Kindern einkaufen. Als es an der Kasse zu langsam geht, beschwert sich die Fachkraft in einem meckernden Ton bei der Kassiererin. Als sie dann an der Reihe sind, entschuldigt sich die Fachkraft bei ihr und sagt, dass ihr der Tonfall leid täte, und sie zwar sauer sei, aber die Kassiererin ja nun mal nichts dafür könne.

In diesem Beispiel kommen einige Vorbildbeispiele zusammen: Die Fachkraft zeigt Emotionen, sie wird sauer, weil es nicht schnell genug vorangeht. Sie zeigt diese Emotion der Kassiererin gegenüber und lebt ihre Reaktion aus. Dann merkt sie, dass das in diesem Rahmen nicht angebracht war und entschuldigt sich für ihr Verhalten. Sie zeigt damit Wertschätzung und Respekt der Kassiererin gegenüber und vermittelt den Kindern, dass sie sich nicht stets perfekt verhält, aber ihr Verhalten blitzschnell reflektiert und angemessen bewerten kann.

Einige Fragen zur Anregung für die Reflexion in der pädagogischen Einrichtung:
- Verhalten Sie sich den Kindern gegenüber genau so, wie Sie es sich für die Kinder untereinander wünschen?
- Verhalten Sie sich Ihren MitarbeiterInnen und KollegInnen gegenüber so, wie Sie es sich von den Kindern untereinander wünschen?
- Welches pädagogische Ziel verfolgen Sie in Ihrer Arbeit?
- Welche Umstände (Einflüsse) beeinflussen Sie auf dem Weg zum pädagogischen Ziel?
- Gelingt Ihnen die Balance zwischen Anleitung und Autonomie, Fürsorge und Freiheit, Zielorientierung und Flexibilität?
- Wann gelingt es Ihnen gut, wann könnte es Ihnen besser gelingen?
- Verhalten Sie sich authentisch? Welche Handlungsmotive beeinflussen gerade Ihr Verhalten?

8.2 Empathie

Empathie ist eine maßgebliche Fähigkeit, die den Erfolg des KIDS-COACHINGS beeinflusst. Sie wird nicht nur als Fähigkeit an sich, sondern als einzusetzende Methode genutzt. Wenn Fachkräfte über Empathie verfügen, bauen sie automatisch eine starke Beziehung zu den Kindern auf, die als Basis für den Erfolg jedes KIDS-COACHINGS dient.

Um die pädagogischen Ziele des KIDS-COACHINGS zu erreichen, verlangt es nach Empathie und darauf aufbauend nach einer guten Einschätzung der Kinder. Um Unter- oder Überforderung zu vermeiden, sollten Fachkräfte die Kinder sensibel wahrnehmen können. Sie sollten erkennen, wie viel Fürsorge und wie viel Freiraum die Kinder suchen. Fachkräfte sollten abschätzen können, wann Anleitung Autonomie einschränkt und wann sie sie vorantreibt. Und schließlich sollten sie den gesamten Entwicklungsprozess auf sein Ziel hin betrachten und dabei die Empfindung der Kinder zu jeder Zeit wahrnehmen.

Empathie ist nicht messbar und auch nicht aktiv anwendbar. Es gehört zur Haltung des Kids-Coaches, das Gefühl des Gegenübers wahrzunehmen und sich darauf einzustellen. In diesem Zusammenhang könnte man Empathie als richtungsweisende Fähigkeit für die Begleitung der kindlichen Entwicklung betrachten – nur Fachkräfte, die Gefühle und Befindlichkeiten der Kinder in jeder Situation wahrnehmen, können die angemessene Balance zwischen Unterstützung und Freiheit halten.

Darüber hinaus gilt Empathie als maßgebliche Komponente in der Entwicklung der emotionalen Kompetenz. Wie jedes andere Gefühl entwickelt sich Empathie über Spiegelung, über die Reflexion der eigenen Handlung, aber eben auch über das empathische Vorbild. Wenn Fachkräfte Kindern mit Empathie begegnen, steigt die Wahrscheinlichkeit, dass sich diese Kinder auch anderen Menschen gegenüber empathisch verhalten werden. Empathie ist somit Grundlage für die Entwicklung emotionaler Kompetenz. Sie ist nicht nur grundlegend für Fachkräfte, um sich auf den Entwicklungsprozess des Kindes einzustellen, sondern kann wie beiläufig von ihnen abgeschaut werden und in das Kompetenzrepertoire des Kindes übergehen.

8.3 Biografiearbeit

Biografiearbeit ist eine Methode, sich mit der eigenen Lebensgeschichte auseinanderzusetzen. Meilensteine im eigenen Leben, starke und schwache Momente machen die Individualität jedes Menschen aus. Es ist gewinnbringend, die eigene Persönlichkeit noch besser kennenzulernen und sich seiner Individualität bewusst zu werden.

Davon ausgehend, dass jede Erfahrung, die wir machen, unser Verhalten, unsere Erwartungen und Motive maßgeblich beeinflusst, setzen sich Fachkräfte mit ihrer eigenen Biografie auseinander. Eigene Motive, eigene Ziele und Verhaltensweisen können auf diese Weise reflektiert und besser verstanden werden. Dabei gilt es besonders, die eigene Biografie zwar kritisch zu betrachten, negative Erfahrungen aber nicht höher zu gewichten als positive. Vielmehr sollte das Ziel sein, sich seiner Biografie bewusst zu werden und diese wertzuschätzen. Jede Erfahrung macht den Menschen zu dem einzigartigen Menschen, der er ist. Jede Erfahrung prägt den eigenen Charakter und ist damit wichtig für das Gesamtbild der Persönlichkeit.

Biografiearbeit kann eine sehr schöne Erfahrung sein, sich mit allem Negativen in seinem Leben zu versöhnen und den bisher gegangenen Lebensweg als durchweg positive Geschichte zu betrachten.

Neben der Selbsterfahrung bereichert Biografiearbeit die Zusammenarbeit mit den Kindern und Kollegen. Jeder Mensch besitzt seine eigene Landkarte der Welt, in die die eigene Wahrnehmung eingepasst wird. Durch Biografiearbeit kann der Filter bewusst werden, durch den jeder Mensch »seine« Welt wahrnimmt. Darin sind sowohl eigene Handlungsmotive verankert als auch erlebte Erziehungserfahrungen und Glaubenssätze. Menschen nehmen die Umwelt ihrem Filter gemäß wahr und handeln entsprechend. So bilden sich Fachkräfte eine Meinung zu Situationen und Kindern, die beeinflusst ist von dem, was sie bisher erlebt haben.

Beispiel
Elke: Jungen sind einfach temperamentvoller als Mädchen!

Sind sie das wirklich oder hat die Fachkraft bisher Jungen so wahrgenommen, weil ihre Mutter stets sagte, dass sie nicht mit Jungen spielen solle, weil sie immer so wild seien? Welche Erfahrung könnte die Fachkraft noch zu diesem Denken veranlassen? Und welche gegenteiligen Erfahrungen hat sie bisher erlebt?

Besonders interessant: Inwieweit beeinflusst diese These Elkes pädagogische Arbeit? Kann sie Jungen und Mädchen überhaupt objektiv betrachten? Wie reagiert sie im pädagogischen Alltag auf Jungen, wie auf Mädchen, wenn sie wild sind?

Nur durch das Reflektieren der eigenen Glaubenssätze gelingt es, solche unbewussten Verhaltenslenker aufzudecken und sich dieser bewusst zu werden. Fachkräfte sollten ihre Glaubenssätze nicht als etwas Negatives betrachten – Glaubenssätze, Regeln und Erwartungen schenken Struktur und Orientierung, daher verfolgen sie stets eine positive Absicht. Hinderlich werden sie nur, wenn sie die Wahrnehmung so stark beeinflussen, dass die Fachkraft gehindert wird, die Individualität der Kinder wahrzunehmen und zu fördern.

9 Zu guter Letzt ...

KIDS-COACHING verzichtet auf einen allgemein gültigen Ablauf und starre Methoden. Vielmehr geht es darum, dass Sie sich als Fachkräfte mit den Kindern im KIDS-COACHING wohlfühlen und Ihr individuelles Ziel erreichen.

Als Basis für das KIDS-COACHING und als Vorbereitung für Sie dient die Biografiearbeit der Aufarbeitung der eigenen Erfahrungen, um mit dem eigenen Leben im Einklang zu stehen und sich der eigenen Handlungsmotive und Ziele bewusst zu werden. Diese Grundlage können Sie dazu nutzen, Ihr Menschenbild und Ihre pädagogischen Ziele zu klären. KIDS-COACHING ist kein wahllos verlaufender Prozess, sondern Sie als Fachkräfte schaffen für sich eine Handlungsgrundlage, welche ein Ziel ansteuert und dabei Einflussfaktoren bestmöglich reflektiert und abschätzt.

Gleichzeitig dient Ihnen die Reflexion als Grundlage der Biografiearbeit. Durch Reflexion können Sie betrachten, ob Ihr Verhalten im Einklang mit den Kindern und Ihrer Arbeit steht. Wenn Sie ein Kind bewusst wahrnehmen, merken Sie schnell, ob ein gesetztes Ziel das passende für das Kind und die eigene Arbeit ist oder ob Ziele verändert werden sollten.

Gleichzeitig nutzen Sie Empathie und Reflexion für den täglichen Gebrauch und bieten damit ein Vorbild, welches als Ziel beim KIDS-COACHING dient.

Und so schließt sich der Kreis: Sie als Fachkraft nutzen Methoden, um den bestmöglichen Entwicklungsweg für jedes Kind auszuloten. Gleichzeitig stellt KIDS-COACHING das pädagogische Ziel, das Sie mit Ihrer Arbeit erreichen möchten, beispielhaft dar. Leben Sie Ihr pädagogisches Ziel und die Kinder werden es Ihnen gleich tun!

Teil IV: Besondere Situationen

Jede Herausforderung birgt ihre eigenen Chancen.

1 Kids-Coaching in der Eingewöhnung

Die Eingewöhnung in der Kita (aber auch später im Hort oder in der Nachmittagsbetreuung) ist eine Herausforderung für Fachkräfte, Kinder und Eltern. Die individuelle Persönlichkeit des Kindes sorgt dafür, dass jede Eingewöhnung ein individueller Prozess ist. Dabei bringt die pädagogische Fachkraft Erfahrungen aus erfolgreichen Eingewöhnungsprozessen mit, die Eltern bringen Erfahrungen im Umgang mit ihrem Kind mit. Zusammengenommen besteht ein großer Erfahrungsschatz, den sich alle Beteiligten zunutze machen können.

1.2 Das Vorgespräch

Für die Fachkraft ist der Eingewöhnungsprozess Routine. Im besten Fall herrscht keine Aufregung, Nervosität oder Unsicherheit, sondern Sicherheit und Zuversicht. Eltern hingegen erleben die Eingewöhnung häufig zum ersten Mal. Nach welchem pädagogischen Konzept die Fachkräfte arbeiten, ist ihnen meistens ebenso unklar wie der Tagesablauf und pädagogische Besonderheiten. Daher gilt es die Eltern hier abzuholen und die pädagogische Arbeit transparent zu machen. Je besser Sie die Eltern informieren und Ihre Arbeit transparent machen, desto besser können sich Eltern und Kinder in den pädagogischen Alltag integrieren.

Erklären Sie, nach welchem Konzept Sie arbeiten. Dabei brauchen Sie dieses nicht bis ins kleinste Detail erläutern, erklären Sie Ihr Menschenbild, das Ziel Ihrer pädagogischen Arbeit und die Methoden, die Sie auf dem Weg zum Ziel nutzen.

> **Beispiel**
> Nalas Mutter ist zum Vorgespräch in der Kita. Da Nala ihre erste Tochter ist und sie auch beruflich keine Berührungspunkte mit pädagogischer Arbeit hat, erklärt die Fachkraft ihr nach welchem Konzept die Kita arbeitet. Dabei legt sie Wert darauf, dass Selbstständigkeit ein angestrebtes Ziel ist, welches in Alltagsprozessen geübt wird. So ziehen sich die Kinder zum Beispiel selbstständig an, bevor sie in den Garten gehen. Es ist nicht wichtig, dass die Kinder sich schon selbst anziehen können, wenn sie in die Kita kommen: Statt ihr die

Aufgabe ganz abzunehmen, erhält Nala Hilfestellung, um sich die Jacke allein anzuziehen.

Da die Fachkraft Beispiele aus der Praxis nutzt, erhält die Mutter/der Vater auf der einen Seite Einblick in das tägliche Geschehen, gleichzeitig erhalten die theoretischen Ziele des Konzepts einen Alltagsbezug.

Natürlich können Eltern die pädagogische Konzeption der Einrichtung auch lesen. Wenn Sie den Eltern jedoch das Konzept vorstellen, lernen Sie sich nicht nur besser kennen, sondern Fragen können direkt geklärt werden und Ihre Arbeit wird transparent. Auf diese Weise geben Sie etwas von sich preis und öffnen sich den Eltern. Damit schaffen Sie die Grundlage für Ihre gemeinsame Arbeitsbeziehung.

Erklären Sie auch, wie die Gruppenstruktur aussieht, in die das Kind kommt: wie viele Jungen/Mädchen, welches Alter? Gibt es Besonderheiten in Ihrer Gruppe?

Erzählen Sie Eltern von anderen Eingewöhnungsprozessen. Dabei brauchen Sie sich nicht nur auf die erfolgreichen Prozesse zu beschränken. Erklären Sie direkt, wo mögliche Stolpersteine sind und wie Sie damit umgehen. Erläutern Sie hier schon, was Sie sich von den Eltern wünschen und welche Informationen wichtig für die Zusammenarbeit sind.

Im besten Fall haben Sie eine Liste mit für Sie wichtigen Fragen vorbereitet, welche die Mutter ausfüllen kann und die Sie abheften und zum Start der Eingewöhnung nochmal hervorholen können. Eine solche Liste hat den Vorteil, dass sich die Mutter mit den Gewohnheiten ihres Kindes auseinandersetzt, gleichzeitig bekommen Sie alle für Ihre Arbeit notwendigen Informationen.

Fragenkatalog:
- Wie schläft das Kind?
- Einschlafrituale?
- Besondere Essensvorlieben?
- Was ist das Kind für ein Typ?
- War das Kind schon mal allein bei den Großeltern/Freunden o. ä.?
- Was mag das Kind besonders gern?

- Gibt es während der Eingewöhnung noch andere, zusätzliche Veränderungen?
- Braucht das Kind ein Kuscheltier/Tuch/einen Schnuller? Hat das Kuscheltier einen Namen?

Weisen Sie die Mutter/den Vater darauf hin, dass die Eingewöhnung ein aufregender Prozess ist, der für sich schon genug Umstrukturierungen mit sich bringt. Erklären Sie, warum es wichtig wäre, keine weiteren Veränderungen (Umzug, Trockenwerden, Schnullerentwöhnung o. ä.) in diese Zeit zu packen. Wenn es nicht anders möglich ist, sollten Sie beide den Umgang mit weiteren Veränderungen gut im Blick haben.

Erklären Sie, wie Sie die Zusammenarbeit mit Eltern in Ihrer Einrichtung leben. Tägliche Tür- und Angelgespräche schenken Eltern dabei schon im Vorgespräch Entlastung. So haben Eltern direkt das Gefühl, stets gut über ihr Kind informiert zu sein, auch wenn sie nicht mehr vor Ort sind. Erklären Sie, dass die Tür- und Angelgespräche morgens für Ihre Arbeit genauso wichtig sind wie die nachmittäglichen für die Eltern. Es gibt vielleicht nicht jeden Tag etwas zu erzählen, aber über Besonderheiten sollte der/die jeweils andere unbedingt informiert sein.

Beispiel
Rita hatte heute Morgen direkt nach dem Aufstehen schon Streit mit ihrem großen Bruder. Sie ist sehr geknickt und ist seitdem sehr anhänglich.

Diese Information ist für Fachkräfte sehr wichtig, da der Vorfall den Tag stark beeinflussen kann. Damit die Mutter die Information jedoch weitergibt, benötigt sie ein Bewusstsein dafür, warum das wichtig ist.

Erklären Sie den Ablauf der Eingewöhnung und erläutern Sie, warum gewisse Abläufe wichtig sind. Erklären Sie zum Beispiel, warum sich die Eltern verabschieden sollten, bevor sie den Raum verlassen.

Ablauf der Eingewöhnung
- Was passiert am ersten, zweiten, dritten Tag?
- Welches Ziel haben Sie in der ersten Woche?

- Was passiert, wenn das Ziel nicht erreicht wird? Wie flexibel können Sie sein?
- Wie sollten sich die Eltern verhalten?
- Wie verabschieden sich die Eltern?
- Wo gehen die Eltern hin, wenn sie den Raum verlassen?

Im optimalen Fall haben Sie dazu eine Broschüre vorbereitet, die Sie Eltern an die Hand geben können. Die Verschriftlichung Ihres Eingewöhnungskonzepts zeigt Ihre intensive Auseinandersetzung mit dem Prozess und kann Eltern auch während des Prozesses als Nachschlagewerk dienen.

Viele Eltern sind besorgt und bringen einen ganzen Fragenkatalog mit. Zwar werden viele Fragen in Ihrer ausführlichen Darstellung der Arbeit bereits beantwortet werden, dennoch bleiben meist einige persönliche Fragen offen.

Häufige Elternfragen:
- Gibt es Kinder, bei denen die Eingewöhnung nicht geklappt hat?
- Muss ich mich verabschieden, auch wenn mein Kind weint?
- Mein Kind kann noch nicht krabbeln und sitzen. Werden die anderen Kinder Rücksicht nehmen?
- Mein Kind kann noch nicht sprechen, wie verständigt es sich in der Gruppe?
- Wie können die Fachkräfte den Überblick über so viele Kinder behalten – gerade auf dem Außengelände?

Da Fragen wie Antworten häufig die gleichen sind, können Sie sich überlegen, ob Sie diese gleich mit in die Broschüre aufnehmen. Oder organisieren Sie eine Elternveranstaltung, in der »neue« Eltern »alten« Eltern Fragen stellen können. Meist ist diese Veranstaltung sehr hilfreich. Zum einen finden neue Eltern gleich Anschluss, zum anderen ist es noch effektiver, wenn Gleichgesinnte die Fragen beantworten, da neue Eltern erleben, dass andere Eltern die gleichen Fragen und Unsicherheiten hatten und sich alles geregelt hat.

1.3 Eingewöhnung ist Entwöhnung

Die Eingewöhnung der Kinder ist gleichzeitig eine Entwöhnung der Eltern. Es verhält sich nicht selten so, dass die Kinder weniger Probleme mit dem Lösungsprozess haben als ihre Eltern. Gerade, wenn Kindern der Abschied leicht fällt, wird es für die Eltern häufig umso schwieriger, das Kind in der Einrichtung zu lassen. Dabei ist das Gefühl »gebraucht zu werden« häufig schöner als die Freude über die Verselbstständigung der Kinder. Für viele Fachkräfte schließt sich die zweite Herausforderung an: die Eltern zu entwöhnen, nachdem die Kinder eingewöhnt sind.

Eltern dürfen hierfür genauso viel Zeit und Rückhalt bekommen wie ihre Kinder. Sprechen Sie mit den Eltern darüber und erklären Sie, dass es vielen Eltern so ergeht. Erklären Sie, warum es Kinder gibt, die selbstständiger und unabhängiger sind als andere, und dass die Eltern nicht an Bedeutung verlieren, nur weil das Kind sich unabhängig verhält. Eltern bleiben genauso wichtig, wie sie waren.

Erklären Sie den Eltern jedoch auch, dass sich Gefühle übertragen können. Wenn das Kind merkt, dass es die Eltern verletzt, wenn es sich voller Freude auf den Tag abseilt, wird seine Ungetrübtheit davon beeinflusst werden. Kein Kind möchte, dass es seinen Eltern schlecht geht. In dem Fall hätte es ein »schlechtes Gewissen« und begönne ebenfalls unter der Trennung zu leiden.

Weisen Sie Eltern nicht die Tür! Je mehr Eltern das Gefühl haben, dass sie unerwünscht sind, desto schwerer fällt ihnen der Abschied. Es gibt Eltern, die gerade nach der Eingewöhnung den pädagogischen Alltag aus dem Gleichgewicht bringen. Es gelingt ihnen nicht, sich so zu verabschieden, dass das Kind losgelöst in den Tag starten kann. Sie haben täglich ein Anliegen, weswegen sie noch einmal in die Gruppe kommen und viele Hinweise geben. Häufig wirkt sich dies störend auf den Gruppenalltag aus. Dennoch sollten Fachkräfte behutsam mit diesen Eltern umgehen. Meist leiden sie sehr unter der Trennung und haben das Gefühl, am Leben ihres Kindes nicht mehr ausreichend teilzuhaben, nicht mehr dazuzugehören. Das Kind hat nun seinen eigenen Alltag in der Betreuungseinrichtung mit den Fachkräften, es baut sich eine enge und vertraute Beziehung zwischen Fachkraft und Kind auf. Für Eltern ist das auf der einen Seite beruhigend, da das

Kind sich wohl fühlt. Gleichzeitig ist es schwer zu sehen, dass es eine neue vertraute Bezugsperson hat. Nicht selten verhält sich das Kind bei dieser Bezugsperson auch noch anders: Es isst andere Sachen, genießt neue Rituale, ist weniger motzig als zu Hause. Grund dafür ist nicht selten, dass Kinder im Raum der Familie ganz sie selbst sind und sich entsprechend anders fallen lassen können. So zeigt sich, dass viele Kinder beim Abholen unwirsch, trotzig, wütend werden, obwohl sie den ganzen Tag in der Betreuungseinrichtung gut drauf waren. Grund dafür ist jedoch lediglich, dass sie sich der Liebe ihrer Eltern so sicher sind, dass sie ganz sie selbst sein können.

Versichern Sie Eltern stets, dass sie die wichtigste Person im Leben der Kinder bleiben werden. Niemals kann die Fachkraft die Rolle ersetzen, die Eltern für ihre Kinder spielen.

> **Beispiel**
> Menschen die einen harten Arbeitstag hatten, sich sehr geärgert haben und voller Frust weinen könnten, tun dies meistens erst abends, wenn sie nach Hause gekommen sind – allein in ihrem sicheren, vertrauten Zuhause, im Arm ihres Partners oder bei einer anderen Bezugsperson. Dort können Menschen so sein, wie sie eigentlich sind und legen jede Rolle ab.

Eltern, die sich von Beginn an nur schwer von ihren Kindern trennen können, sollten Fachkräfte ebenso begleitend zur Seite stehen wie deren Kindern. Wenn Eltern sehen, dass das Kind unter der Trennung leidet, ist es für sie meist doppelt schwer, den Abschied konsequent zu vollziehen. Räumen Sie den Eltern Platz für ihre Gefühle ein, wenn sie ihn brauchen. Wie das Kind darf auch die Mutter ihre Gefühle ausleben. Dabei sollte dies nicht unbedingt vor dem Kind passieren, da sie dort den vorbildlichen Part übernehmen sollte. Eltern können dem Kind vermitteln, dass die kurze Trennung nicht schlimm ist. Da sie die engsten Vertrauten ihres Kindes sind, kann das Kind ihnen am Gesicht ablesen, wie Situationen einzuordnen sind. Indem die Eltern die Trennung zufrieden vollziehen, vertraut das Kind darauf, dass alles in Ordnung ist. Das bedeutet nicht, dass Kinder oder Eltern nicht trotzdem unter der Trennung leiden.

1.4 Kinder optimal in der Eingewöhnung begleiten

Die Eingewöhnung selbst läuft nicht nur über den Beziehungsaufbau von Fachkraft und Kind, sondern ebenso über die Beziehung, welche die Fachkraft zu den Eltern aufbaut. Grund dafür ist der gedankliche Transfer der Gefühle zwischen Eltern und Kind: Wenn die Eltern sich wohlfühlen, wächst das Wohlfühlgefühl der Kinder. Je besser sich die Eltern mit der Fachkraft verstehen, desto eher wird das Kind die Fachkraft als Bezugsperson akzeptieren. Das ist sicherlich nicht in allen Fällen so, jedoch wächst die Wahrscheinlichkeit, dass sich die Kinder für eine Beziehung öffnen, wenn Eltern und Fachkraft in einer guten Beziehung stehen. Gute Beziehungen räumen viele Stolpersteine aus dem Weg: Das Kind fühlt sich in der Einrichtung geborgen und die Eltern können sich im Vertrauen auf die Fachkraft leichter lösen.

Beim Beziehungsaufbau können Fachkräfte vom vorbereiteten Informationsbogen über das Kind profitieren. Wenn sie besondere Vorlieben des Kindes bereits kennen, können sie diese Kenntnisse positiv nutzen.

> **Beispiel**
> Marcel hört sehr gern Musik und tanzt dazu. Die Fachkraft macht also häufig die Musik an, sodass die Kinder tanzen können.

Eingewöhnung ist ein Ausprobieren, wann sich das Kind besonders wohlfühlt. Welche Räume in der Einrichtung sucht das Kind? Mit welchen Kindern nimmt es spontan Kontakt auf? Welches Spielzeug findet es gut?

Auf diese Weise können Fachkräfte Ankerpunkte finden, die in Abschiedsmomenten Sicherheit schenken. Nutzen Sie die Möglichkeiten, die Ihnen das Kind anbietet!

Routine kann sich sehr positiv auf die Eingewöhnung auswirken, da sie stets Sicherheit schenkt.

> **Beispiel**
> Vicky, 1,5 Jahre, fällt der Abschied von ihrer Mutter sehr schwer. Aus den Tagen zuvor weiß die Fachkraft, dass Vicky besonders gern in die Küche geht, um sich anzusehen, was es zu essen geben wird.

> Nach der Verabschiedung von der Mutter geht die Fachkraft also mit der weinenden Vicky in die Küche und begutachtet, was es mittags zu essen geben wird. Dort beruhigt Vicky sich langsam und kostet schon mal etwas vom Essen vor.

Sofern sich eine derartige Routine mit dem Gruppenalltag vereinen lässt, ist dies eine gelungene Aktion, um das Kind in der Einrichtung ankommen zu lassen. Dabei sollten Fachkräfte keine Sorge haben, dass sich das Kind nicht in der Gruppe einfindet, nur weil es während der Eingewöhnung die Gruppensituation scheut. Die Eingewöhnung verläuft Schritt für Schritt, der erste Schritt kann auch sein, erst einmal ohne die Eltern auszukommen – und erst dann den Kontakt zur Gruppe zu suchen.

Die Eingewöhnung bedarf einer eigenen Konzeption. Es ist wichtig, dass die Fachkräfte sich gemeinsam mit dem Ablauf, den Fragen und Erfahrungen auseinandersetzen. Arbeiten sie nach einem eigenen oder einem bereits vorgegebenen Konzept? Wie viele Tage werden veranschlagt? Was passiert in den einzelnen Phasen? Welche Rolle spielen die Fachkräfte? Welche Stolpersteine können auftreten und wie können diese umgangen werden?

Die Reflexion und Verschriftlichung, die intensive Auseinandersetzung mit der eigenen Rolle, die Bereicherung durch die Erfahrungen anderer Kollegen und das Gefühl, als Team den Prozess zu gestalten, schenkt jeder Fachkraft Sicherheit.

1.5 Coaching-Tools für die Eingewöhnung

Moment of excellence

Der Schlüssel zu jeder erfolgreichen Eingewöhnung sind Ankermomente schöner Erlebnisse. Fachkräfte können mit Kindern im U3-Bereich die genannten Coachings-Tools noch nicht reflektierend anwenden. Sie können jedoch bewusst wahrnehmen, welche Situationen dem Kind besonders gut tun. Dabei können immer wieder Bedingungen hergestellt werden, die im Kind positive Gefühle hervorrufen.

> **Beispiel**
> Vicky, die sich in der Küche sehr wohl fühlt und Spaß daran hat, in die Töpfe für das Mittagessen zu gucken, wird die Küche als positiven Ort empfinden. Geht die Fachkraft mit ihr wieder hierher, wird sie unbewusst hier das positive Gefühl erneut empfinden.

Systemischer Blick

Gleichzeitig sollte das Verhalten des Kindes immer im System betrachtet werden. Wie verhält sich das Kind, wenn die Mutter in der Gruppe ist? Wie verhält sich das Kind mit den anderen Kindern der Gruppe? Welches Kind meidet das Eingewöhnungskind? Fachkräfte sollten darauf achten, wann das Kind sich besonders wohlfühlt.

> **Beispiel**
> Ira, 1,5 Jahre, schreit, sobald ihre Mutter die Einrichtung verlassen hat. Sie weint nicht, sondern schreit voller Wut die Fachkraft an und läuft ständig hinter ihr her. Wenn sich die Fachkraft jedoch zur Duplo-Kiste setzt, anfängt zu bauen und das Geschrei geschehen lässt, fängt Ira sich langsam und fängt an zu spielen. Sobald die Fachkraft sie anspricht, schreit sie wieder. Sobald die Fachkraft weiter spielt, beruhigt sich Ira.

Landkarte

Viele Kinder brauchen einige Zeit, um in der Einrichtung vollständig anzukommen. Der Grund liegt darin, dass sie ihre Landkarte ganz neu strukturieren müssen. Sie sind nicht mehr nur im Umfeld von bekannten Gesichtern und Familienmitgliedern, sie kommen in einen neuen Raum mit neuer Atmosphäre. Sie wissen nicht, wo alles ist, wie im eigenen Haushalt. Sie merken, dass hier andere Regeln gelten, ohne diese zu durchblicken. Sie sind unter vielen anderen Kindern. All das muss in die Landkarte des Kindes eingebaut werden. Ein vollkommen neuer Abschnitt des eigenen Bilds der Welt wird hier ergründet.

Gleichzeitig können Fachkräfte zu Beginn der Eingewöhnung den ersten Eindruck maßgeblich beeinflussen. Wenn Fachkräfte die Kinder direkt mit dem Namen begrüßen, sie wahrnehmen und eine gute Beziehung aufbauen, ist der neue Abschnitt der Landkarte positiv beleuchtet.

Fachkräfte sollten dabei keine Sorge haben, dass negative Erfahrungen in Stein gemeißelte Abschnitte auf der Landkarte des Kindes darstellen. Auch wenn es eine schwere Phase in der Eingewöhnung gibt, kann diese mit positiven Erfahrungen überdeckt werden und es kann ein neues Bild der Welt erarbeitet wird.

> **Beispiel**
> Ira ist es nicht gewohnt, dass die Dinge nicht so laufen, wie sie es möchte. Sie ist Einzelkind und zu Hause entscheidet sie, was passiert, auch wenn sie dort viel für sich allein spielt. In der Einrichtung protestiert sie dagegen, dass die Eltern die Einrichtung verlassen, dabei scheint sie sich eigentlich dort wohl zu fühlen. Neu für sie ist also, dass es Orte gibt, an denen sie nicht allein das Geschehen bestimmt. Da Ira sich im Spiel wohlfühlt, ist dieser Ort nicht negativ besetzt; der Protest richtet sich lediglich gegen das Neue an der Situation.

Verhalten folgt einer positiven Absicht

Nicht selten birgt die Eingewöhnung große Herausforderungen für Fachkräfte und Kinder. Dabei ist die Fachkraft von Weinen, schlecht gelaunten Kindern sowie den anderen Gruppenkindern umgeben, welche ebenso ihre Aufmerksamkeit suchen. Rein nervlich kann eine Eingewöhnung zur Belastungsprobe werden.

Oft hilft es, einen neuen Blick auf das Verhalten der Kinder zu gewinnen. Kein Kind möchte die Fachkraft nervlich herausfordern, jedes Kind möchte nur zu seinem Ziel kommen. Je mehr es der Fachkraft gelingt, die positive Absicht hinter den einzelnen Verhalten zu finden, desto besser kann sie sich darauf einstellen und andere Wege zum Ziel finden.

> **Beispiel**
> Seitdem Ira in der Gruppe ist, streiten sich auch die anderen Kinder vermehrt. Zum einen liegt es daran, dass Iras Geschrei auch für die anderen Kinder anstrengend ist, zum anderen erhalten sie auf diese Weise die gleiche Aufmerksamkeit von der Fachkraft wie Ira.
> Die Fachkraft reflektiert, inwieweit sie positives Verhalten der

Gruppe wahrnimmt und inwieweit negatives – sie weiß selbst, dass sie der negativen Gruppenstimmung viel mehr Gewicht beimisst als der positiven. So verändert sie ihre Reaktionen, nimmt auch die positiven Aktionen der Kinder wahr und kann somit zur besseren Stimmung und damit zur eigenen Entlastung beitragen.

1.6 Eingewöhnung ist eine Umstrukturierung der Gruppe

Die Eingewöhnung bringt nicht nur Herausforderungen für Eingewöhnungskind, Eltern und Fachkraft mit sich, sondern bedeutet auch für die bestehende Gruppe eine Umstrukturierung. Die Rollen, in denen sich die Gruppe bisher gefunden hat, werden neu vergeben. Das jüngste Kind bleibt vielleicht nicht das jüngste Kind, ein neuer Spielkamerad, eventuell sogar ein Konkurrent, kommt in die Gruppe hinein. Auf diesem neuen Kind ruht die Aufmerksamkeit. Spürbar ist für die Kinder, dass es wichtig ist, dass sich dieses neue Kind wohlfühlt. Darauf liegt der Fokus des täglichen Geschehens. Von den Gruppenkindern wird erwartet, sich dem Kind gegenüber zu öffnen und es in die Gemeinschaft aufzunehmen.

Es ist von besonderer Bedeutung, Vielfalt als Reichtum zu verstehen, ein Interesse und einen Gewinn zu verspüren beim Kennenlernen neuer Menschen, eine offene Atmosphäre zu leben. Gleichzeitig sollte die Gruppe in diesem Prozess begleitet werden. Was passiert, wenn ein neues Kind in die Gruppe kommt? Wie geht es euch damit? Was habt ihr schon für tolle Erlebnisse mit dem neuen Kind gehabt?

Der Gruppe sollte gespiegelt werden, wie es dem neuen Kind geht. Das kann die Fachkraft auch schon mit U3-Kindern reflektieren. Warum weint das neue Kind, wenn die Eltern sich verabschieden? Was könnte es trösten? Die Kinder können so an ihre eigenen Bedürfnisse herangeführt werden: Was tröstet dich, wenn du deine Eltern vermisst?

Eingewöhnung wird damit zur Chance für die Gruppe, die Rollen neu zu verteilen: Ältere Kinder werden in ihrer Rolle als ältere gestärkt. Neue und jüngere Kinder können bei den älteren Kindern Sicherheit und Vertrauen empfinden. Die ehemals jüngsten Kinder können ihrer Rolle entschlüpfen und ebenfalls das Gefühl des älteren Kindes genießen, welches sich um die jüngeren Kinder kümmert.

Auf diese Weise kann Eingewöhnung zum stärkenden Gruppenprozess werden. Wichtig ist lediglich, die Gruppenprozesse ebenso im Blick zu haben wie das Eingewöhnungskind. Es ist normal, dass Rollen sich verändern, dass Strukturen aus dem Gleichgewicht geraten und die Eingewöhnung eine Unruhe in den gesamten Alltag bringt. Nutzen Sie die Coaching-Tools und betrachten Sie die Eingewöhnung als Übungsfeld für gruppendynamische, gesellschaftliche Veränderungen!

1.7 Eingewöhnung als gesellschaftlicher Prozess

Die Eingewöhnung kommt einer Umstrukturierung der bestehenden Strukturen gleich. Damit wird sie zum Übungsfeld für Kinder, die lernen sollen, Veränderungen als Gewinn zu betrachten, neue Menschen als Bereicherung zu empfinden, ohne Angst mit einer neuen Situation umzugehen.

Viele Menschen haben diese Scheu vor Veränderungen, sei es im Berufsleben oder im privaten Umfeld. Wenn die bestehende Struktur, die dem täglichen Leben Sicherheit schenkt, ins Wanken gerät, versuchen viele Menschen, diese zu verteidigen und beizubehalten. Das Loslassen alter Gewohnheiten zugunsten einer ungewissen Veränderung ist nicht leicht.

> **Beispiel**
> Micha, 30 Jahre, ist unglücklich mit seinem Job. Viel lieber würde er sich eine andere Tätigkeit suchen. Jedoch hat er große Hemmungen, da er die Vermutung hat, dass ihm eine andere Tätigkeit ebenso wenig Freude bereiten würde. Zudem weiß er nicht, wie die neuen Kollegen sein werden, vielleicht sind sie noch unfreundlicher als in seinem bisherigen Job. Eventuell wird er auch weniger verdienen.

Je früher Menschen lernen mit Veränderungen umzugehen und diese als Chance zu betrachten, desto eher und stärker verankert sich dieses Bewusstsein in ihrer Landkarte. Dabei sollten sie behutsam begleitet werden, da Veränderungen stets einen Verlust von Sicherheit schenkenden Strukturen bedeuten. Veränderungen sollten nicht permanent auftreten: Es ist wichtig, Veränderungen als Weiterentwicklung der bestehenden Strukturen zu erleben, die sich wieder setzen und zu festen Strukturen werden.

> **Beispiel**
> Micha scheint ein großes Sicherheitsbedürfnis zu haben, das größer als sein Wunsch nach Veränderung ist. Für Micha reicht es zunächst, dass er in eine neue Abteilung versetzt wird. Auf diese Weise kann er seine gewohnten beruflichen Strukturen beibehalten und dennoch findet eine Weiterentwicklung statt.

Damit schließt sich der Kreis: Wenn Kinder die Eingewöhnung in der Betreuungseinrichtung starten, sollten neben diesem Prozess keine weiteren Veränderungsprozesse vollzogen werden. Kinder sollten in einer vertrauensvollen und sicheren Beziehung zur Fachkraft im Prozess begleitet werden und Schritt für Schritt an die neuen Strukturen herangeführt werden. Dieses Gefühl der Sicherheit wird vom Kind verinnerlicht und kann für jede weitere Veränderung in seinem Leben als innere Sicherheit genutzt werden.

2 Gezielte Vorbereitung auf die Grundschule

Der Übergang in die Grundschule ist für Vorschulkinder und Eltern eine große Sache. Neue Kinder, neue Strukturen, neue Bezugspersonen. Viele Eltern fürchten sich davor, dass ihr Kind den Anforderungen noch nicht gewachsen ist und im Unterricht nicht mitkommt. Gleichzeitig fürchten sie, dass die Lehrer nicht die Möglichkeiten haben, sich um die individuelle Lerngeschwindigkeit der Kinder Gedanken zu machen.

Eltern sind dabei häufig getrieben vom »Ernst des Lebens«. Nun wird es ernst, nach der »Spielzeit« in der vorschulischen Einrichtung müssen nun auch Dinge gelernt werden, auf die die Kinder keine Lust haben. Gleichzeitig kommt der Schulweg hinzu, den Kinder mit dem Bus oder zu Fuß allein zurücklegen und der vielen Eltern große Sorgen bereitet.

Fachkräfte haben die Aufgabe, nicht nur die Kinder gezielt auf die Grundschule vorzubereiten, sondern auch die Eltern. Ebenso wie in der Eingewöhnung ist es so, dass zuversichtliche Eltern zuversichtliche Kinder haben. Entsprechend gilt es, die Sicherheit der Eltern zu stärken, damit diese zu starken Partnern ihrer Kinder werden und im Übergang zur Grundschule Rückhalt und Vertrauen schenken.

2.1 Gezielte Veranstaltungen

Beginnen Sie frühzeitig mit Elternveranstaltungen zum Thema »Übergang in die Grundschule«. Bewusst spreche ich von mehreren Veranstaltungen, da es zum einen reine Informationsveranstaltungen sind, zum anderen Austausch-Veranstaltungen zu Sorgen und Befürchtungen.

Die Informationsveranstaltung sollte über Schulen im Umkreis aufklären und formelle Fragen klären. Die Austausch-Veranstaltung sollte gezielt die emotionale Vorbereitung der Kinder und Eltern thematisieren. In einer Dialogrunde können Fragen eingeworfen, Sorgen ausgetauscht und gemildert werden. Es lohnt sich, erfahrene Mütter einzuladen, welche den Übergang ihres Kindes bereits begleitet haben. Eltern profitieren stark von der Zusammenarbeit und dem Austausch untereinander. Ähnlich wie in der Eingewöhnung hilft es Eltern, sich mit anderen Eltern zu unterhalten, welche die neue Situation schon gemeistert haben.

Stetig wiederkehrende Sorgen sind:
- Mein Kind ist so unselbstständig, ich habe Angst, dass es sich in der Schule nicht zurechtfindet.
- Mein Kind erzählt von sich aus nichts, wie kann ich erfahren, wie es in der Schule war, wie es ihm geht?
- Alle Freunde meines Kindes gehen auf eine andere Schule. Ich habe Angst, dass sich mein Kind allein fühlt!
- Ich habe Sorge, dass mein Kind von den anderen Kindern ausgeschlossen wird.
- Mein Kind muss nun Stoff lernen, unabhängig davon, ob es will oder nicht. Wie bewältigt es das?

2.2 Die Rolle der Fachkraft

Fachkräfte besetzen in diesen Veranstaltungen zwei Rollen: Zum einen sind sie Partner der Eltern und Kinder. Sie kennen die Persönlichkeit der Kinder und können sie im institutionellen Rahmen sehr gut einschätzen. Gleichzeitig haben sie eine professionelle Sicht auf den Übergang und können mit den Eltern dadurch Möglichkeiten erarbeiten, die Kompetenzen der Kinder zu stärken. Dies gelingt ihnen, indem sie am Hier und Jetzt ansetzen.

> **Beispiel**
> Ruby, 5 Jahre, geht nächstes Jahr in die Schule. Ihre Mutter hat Sorge, dass Ruby zu unselbstständig ist. Zu Hause erledigt ihre Mutter viele Aufgaben, da sie der Meinung ist, dass Ruby diese noch nicht eigenständig bewältigen kann.

Die Fachkraft überlegt mit Rubys Mutter, in welchen Situationen Ruby eigenständig tätig werden kann, unabhängig vom Ergebnis. So hat Rubys Mutter die Möglichkeit, ihre Tochter Aufgaben lösen zu lassen, ohne den Drang zum Eingreifen zu verspüren. Gleichzeitig kann Ruby zeigen, dass sie Dinge selbst lösen kann.

Überlegen Sie, welche Möglichkeiten Eltern ihren Kindern einräumen können, um das gewünschte Verhalten zu üben. Kinder, denen keine Aufgaben übertragen werden, die sie eigenständig lösen, bleibt die Möglichkeit verwehrt, ihre Selbstständigkeit zu trainieren.

> **Beispiel**
> Katrins Mutter hat Angst, wenn Katrin allein zur Schule geht, daher möchte sie sie immer mit dem Auto bringen. Es ist nicht Katrins Sorge, dass sie den Weg allein nicht schafft, sondern die Sorge ihrer Mutter.

Hier gilt es Katrins Mutter die Sicherheit zu schenken, die sie braucht. Die Fachkraft fragt, unter welchen Umständen sie sich wohl fühlen würde, wenn Katrin allein zur Schule ginge. Katrins Mutter antwortet, dass sie eigentlich wüsste, dass Katrin es eigenständig schafft, aber Angst habe, dass Katrin den Verkehr nicht richtig einschätzen kann.

Die Fachkraft überlegt gemeinsam mit der Mutter, wann und wo Katrin ihre Verkehrssicherheit noch stärken könnte. Damit wird gleichzeitig die Sicherheit der Mutter zunehmen, die diese Erfahrungen mit

Katrin gemeinsam macht und ebenfalls mehr Sicherheit und Vertrauen in ihre Tochter gewinnt.

Der Familienalltag ist meistens voller Lernfelder. Auf Elternveranstaltungen gilt es, den Eltern diese Lernfelder bewusst zu machen!

2.3 Mein Name ist Ernst und du musst das lernen!

Die Vorschulzeit ist vorbei, nun beginnt der Ernst des Lebens. Wie können Eltern sicherstellen, dass die Kinder das lernen, was sie lernen sollen?

Das Ziel pädagogischer Vorschularbeit ist es, in Kindern die Freude an Bildung zu stärken. Entdeckungstrieb, Erkundungstouren, der Drang, den Dingen auf den Grund zu gehen – das steckt in jedem Kind. Dieser innere Drang ist vor allem in den ersten Schuljahren noch sehr aktiv und wird von Schulinhalten genährt. Dies liegt nicht zuletzt daran, dass gerade im Grundschulalter die Dinge vielfältig und mit genügend Zeit vermittelt werden. Erst im Laufe der Schulzeit werden die Denkprozesse abstrakter und damit schwerer durchdringbar. Je mehr der Drang, die Dinge zu ergründen, gestärkt wird, desto stärker bleibt er erhalten.

Aus dem Lerncoaching ist bekannt, wie Kinder im Lernprozess unterstützt werden können. Nichts anderes sollten Eltern zu Hause mit ihren Kindern machen. Sie sollten Lerninhalte zum Leben erwecken und für den Alltag tauglich aufbereiten.

Beispiel

Milan möchte am Wochenende mit seiner Mutter einen Obstkuchen backen. Milan sucht ein Rezept heraus und liest vor, was sie für den Kuchen benötigen. Danach schreibt er die Zutaten auf, die im Haushalt fehlen. Dabei erfährt er, dass man im Winter keinen Erdbeerkuchen backen kann, da im Winter keine Erdbeeren wachsen. Äpfel jedoch gibt es im Winter, das weiß er von den Bratäpfeln, die es immer an Weihnachten gibt. Im Supermarkt sucht Milan die Äpfel und die fehlenden Zutaten zusammen.

Zu Hause wiegt er die Zutaten ab. Auch wenn er die Zahlen über 100 noch nicht kennt, erklärt seine Mutter ihm, dass er Zucker abwiegen soll bis zur Zahl 2 5 0. Nachdem der Kuchen fertig ist, stellt

Milan fest, dass die Äpfel nun viel weicher sind als vor dem Backen. Seine Mutter erklärt ihm, warum Äpfel bei Wärme weicher werden. Das ist wie bei den Bratäpfeln.

In dieser kurzen Sequenz zeigt sich, wie einfach es sein kann, im Alltag Dinge wie Lesen, Schreiben und Rechnen zu üben. So kann
- Rechnen wunderbar mit Fußballergebnissen geübt werden,
- Schreiben mit Einkaufszetteln oder Postkarten für die Oma geübt werden,
- Lesen mit Zeitschriften aus dem Interessengebiet des Kindes geübt werden. Es müssen keine Bücher sein, auch Pferdezeitschriften tragen zur Verbesserung der Lesefähigkeit bei.

Kinder haben Spaß an den Dingen, die sie können. Kinder, die zu Hause z. B. Pferdezeitschriften lesen, verspüren Erfolg und damit Freude am Lesen und werden auch in der Schule mit neuer Begeisterung lesen.

Die Interessen der Kinder sind immer der Ausgangspunkt für Fördermöglichkeiten, Angenehmes sollte stets mit dem Nützlichen verbunden werden.

2.4 Vorbereitung in der pädagogischen Einrichtung

Die Vorbereitung der Kinder auf die Grundschule ist ein grundlegendes Ziel der pädagogischen Betreuungsarbeit, nicht erst im letzten Jahr der Kita. Selbstständigkeit, Selbstsicherheit sowie die Kompetenz, verschiedene Lösungswege zum Erreichen eines Ziels zu nutzen, sind grundlegende Fähigkeiten, die in der Betreuungseinrichtung geübt werden.

Dennoch dürften Vorschulkinder in ihrem letzten Jahr vor der Grundschule von Unsicherheit in Bezug auf die Zukunft befallen werden. Wie Erwachsene können auch Kinder Sorgen vor Veränderungen haben.

Hier ist es von besonderer Bedeutung, dass die Fachkraft die Bedürfnisse und Sorgen wahrnimmt und das KIDS-COACHING gezielt zur Stärkung der Persönlichkeit des Kindes nutzt.

Nützliche Tools sind
- Schatzsuche,
- die Wunderfrage von de Shazer,
- Imagination.

Mit dem ersten Tool werden die Ressourcen des Kindes aktiviert und ins Bewusstsein gerufen. Dabei können Kompetenzen bereits in der Vorstellung auf die neue Situation übertragen werden.
Die beiden anderen Tools dienen der Vorstellung der Zielsituation. Die Kinder beschäftigen sich mit dem Meistern der neuen Situation. Auf diese Weise halten positive Darstellungen Einzug in die kindliche Vorstellungskraft, Sorgen verblassen durch den Zugewinn an Sicherheit.

Wie die Eingewöhnung ist auch der Übergang in die Grundschule ein Prozess, der für die Kinder, aber mindestens ebenso sehr für die Eltern wichtig ist. Die Fachkraft hat die Aufgabe, die Eltern insoweit zu stärken, dass sie zu starken Übergangsbegleitern ihrer Kinder werden.

3 Kids-Coaching im Team nutzen

KIDS-COACHING ist keine Arbeitsweise, die sich nur für Kinder gewinnbringend auswirkt, auch für die Teamarbeit ist es eine gute Methode.

Die Grundlage für die gemeinsame Arbeit ist das pädagogische Konzept. Dabei wird aber die Arbeit im Team häufig stiefmütterlich behandelt, verglichen mit den Überlegungen zur Arbeit mit den Kindern. Genau so sollte es jedoch nicht sein. Die Arbeit im Team ist das Getriebe, welches die pädagogische Arbeit in Gang hält. Jedes Teammitglied ist dabei ein Zahnrad, das die Bewegung des gesamten Apparats beeinflusst. Wenn ein Rad hakt, wirkt sich das auf das Getriebe aus.

Nutzen Sie als Team die Grundlagen des KIDS-COACHING für Ihre gemeinsame Arbeit und leben Sie damit selbst das pädagogische Ziel Ihrer Arbeit!

3.1 Wertschätzende Kommunikation

Wertschätzende Kommunikation im Team zeigt sich im respektvollen und achtsamen Miteinander. Überlegen Sie im Team, wie Ihre Kommunikationsstruktur funktioniert:

- Was gelingt Ihnen besonders gut?
- Welche Stolpersteine tun sich in Ihrer Kommunikation auf?
- Gibt es Personen, die immer im Bilde sind und andere, die selten etwas mitbekommen? Wie können Sie alle gleichermaßen erreichen?
- Wo gibt es Potenziale?
- Wie würden Sie die Zusammenarbeit Ihres Teams aus der Vogelperspektive beurteilen?
- Wie würden Sie Ihre Kommunikation beurteilen, wenn Sie sie bei anderen mitbekommen würden?
- Gehen Sie so miteinander um, wie es Ihr pädagogisches Ziel für die Arbeit mit den Kindern ist?

Erarbeiten Sie gemeinsam, welche Gesprächsregeln Ihnen wichtig sind. Dabei sollte jeder zu Wort kommen. Die Meinung jedes Einzelnen ist wichtig, damit sich alle wohl fühlen. Sie arbeiten sehr eng zusammen, da kann es im hektischen Alltag schon einmal vorkommen, dass die wertschätzende Kommunikation nicht immer beachtet wird. Stehen Sie dazu und entschuldigen Sie sich, auch vor den Kindern.

Werden Sie sich auch Ihrer Kritikregeln bewusst:
- Benennen Sie Wahrnehmungen statt Anschuldigungen! Die Wahrnehmung ist individuell und kann nicht falsch sein!
- Stärke durch Schwäche zeigen: Wer zu seinen Schwächen steht, dem gebührt Achtung!
- Schauen Sie in die Zukunft, nicht in die Vergangenheit: Was wünsche ich mir, wie wäre es besser?
- Verzichten Sie auf »immer« und »nie«!
- Haben Sie stets Ihr positives Menschenbild vor Augen!

Versuchen Sie dies einmal spielerisch im Team. Sollte es anfänglich komisch sein oder Sie darüber ins Lachen geraten, ist das ganz normal und wunderbar so. Bleiben Sie dennoch dran, schnell werden Sie merken, dass sich etwas in Ihrem Team verändert und Sie eine neue Zusammenarbeit genießen.

3.2 Routine bringt Selbstverständlichkeiten

Das System, aus dem ihr Team besteht, funktioniert, weil verschiedene Rollen bekleidet werden. Damit ist jedes einzelne Teammitglied wichtig für den Gesamtprozess. Jede Stimme zählt und jeder Beitrag wird wahrgenommen. In jedem Team gibt es einen Lautsprecher, dessen Stimme jede Teamsitzung bereichert, und Leisesprecher, die hauptsächlich auf Nachfrage erzählen. Beide haben die gleiche Bedeutsamkeit für die Zusammenarbeit.

Die Struktur, die sich in Teams einschleicht, ist nicht anders als die Gruppenstruktur, die in den Kindergruppen vorherrscht – mit dem einzigen Unterschied, dass letztere alljährlich durchmischt werden. Neue Kinder erzeugen eine Veränderung der bestehenden Struktur.

In Ihrem Team ist das anders: Nicht selten arbeiten Teams über Jahre in der gleichen Konstellation zusammen. Das Team als System schenkt jedem einzelnen Mitglied Sicherheit, Verlässlichkeit und Routine. Gleichzeitig ist es sehr schwer für einzelne Mitarbeiter, aus der ihnen anhaftenden Rolle zu schlüpfen und sich persönlich in eine neue, vielleicht sogar konträr zur alten Rolle orientierte Richtung zu entwickeln.

Das Team verlässt sich auf die Fachkraft, die etwas *immer so* macht, ebenso wie diese ihrer Aufgabe unhinterfragt *immer so* nachgeht. So kann es passieren, dass sich Selbstverständlichkeiten einschleichen, die im Grunde keine sind.

> **Beispiel**
> Kim bereitet stets die Elterngespräche vor und bespricht ihre Wahrnehmung mit ihrer Gruppenkollegin. Da Kim die Dinge gern schnell abarbeitet, ist sie ihrer Kollegin immer einen Schritt voraus. Diese freut sich natürlich über die Arbeitserleichterung und das Engagement von Kim. Es ist jedoch wichtig, Kims Engagement nicht als Selbstverständlichkeit zu erachten, sondern bewusst wahrzunehmen. Kim erhält von ihrer Kollegin eine kleine Anerkennung, sei es in Form eines einfachen »Danke, Kim« oder einer kleinen Aufmerksamkeit.

Es ist nicht verkehrt, Verantwortlichkeiten zu übertragen, eher im Gegenteil. Wichtig ist lediglich, diese Verantwortlichkeiten nicht als selbstverständlich hinzunehmen, sondern die damit verbundene Arbeit wahrzunehmen.

3.3 Gehen Sie auf Schatzsuche!

So wie Fachkräfte Schatzsucher für Kinder sind, kann die Schatzsuche auch im Team zur Stärkung beitragen. Überlegen Sie dabei, welchen Schatz jede einzelne Fachkraft birgt und beisteuern könnte. Das können Kleinigkeiten sein, pädagogische oder persönliche Schätze. Sie können diese Überlegungen gut wechselseitig anstellen, als wertschätzendes Feedback. Sie können das Feedback entweder als stille Post weiterleiten oder dem Einzelnen in der Gruppe Feedback geben.

So wirkt man dem unhinterfragten »Für-selbstverständlich-Nehmen« entgegen und stärkt gleichzeitig die Persönlichkeit jedes Einzelnen. Das wiederum hat positive Auswirkungen auf die gesamte Teamatmosphäre.

Machen Sie sich auf Schatzsuche in Ihrem Team. Wodurch zeichnet sich Ihr Team im Ganzen aus? Was macht es besonders?

3.4 Tools für die Teamarbeit

Im Arbeitsalltag können Sie sich ebenfalls nützlicher Tools aus dem Kids-Coaching bedienen. So können Sie vor herausfordernden Situationen (z. B.: heikle Elterngespräche) Ressourcen aktivieren oder mit der Wunderfrage von de Shazer die Fachkraft in den Zielzustand versetzen. Dabei ist nichts hilfreicher als das Erkennen der eigenen Fähigkeiten. Zuspruch und Komplimente sind nicht halb so wirksam wie ein bewusstes Wahrnehmen der verfügbaren Ressourcen. Die Landkarte hilft Ihnen in der Teamarbeit, um Verhalten und Meinungen besser verstehen zu können. Das Verhalten Ihrer Kollegen passt in deren jeweilige Landkarte und folgt einer positiven Absicht. Ihnen kann diese Wahrnehmung helfen, einen neuen Blick zu gewinnen. Sie können versuchen, mit Fragen die Landkarte Ihrer Kolleginnen zu erweitern, um diesen einen neuen Blick auf Tatbestände zu ermöglichen. Fragen Sie z. B. nach einer Ausnahme von vermeintlich Unumstößlichem, die schon einmal erlebt wurde.

3.5 In Konfliktsituationen

In Konfliktsituationen hilft es, den systemischen Blick zu nutzen, um Möglichkeiten der erfolgreichen Zusammenarbeit ausfindig zu machen. Dabei geht es nicht darum zu schauen, welcher Mitarbeiter den anderen negativ beeinflusst, sondern jede Fachkraft bleibt bei sich und prüft, wann und wie es ihr gelingt erfolgreich zu arbeiten.

Jeder nennt seine Erfolgsbedingungen oder schreibt sie auf. Im Anschluss findet ein Austausch darüber statt, wie die Bedingungen der Einzelnen in der gemeinsamen Arbeit Beachtung finden können. Meistens zeigt sich, dass viele Mitarbeitende dieselben Bedingungen für erfolgreiche Arbeit benennen.

Nutzen Sie auch hier die Wunderfrage von de Shazer. Machen Sie es sich gemütlich und nehmen Sie sich Zeit für sich. Begeben Sie sich gemeinsam auf Fantasiereise und machen Sie sich bewusst, wie es wäre, wenn die Teamarbeit erfolgreich funktionieren würde. Im Anschluss beschreibt jeder Einzelne seine Vorstellung von gelungener Teamarbeit. Dabei gibt es keine verkehrten Vorstellungen – die Gedanken sind frei!

Versuchen Sie, die Vorstellungen zu einem Gesamtbild zusammenzubringen. Dies können Sie malend oder schreibend tun. Wichtig ist, dass aus jeder Vorstellung etwas im Gesamtbild verankert wird. Im Anschluss überlegen Sie gemeinsam, wie Sie einen Weg zu Ihrem Ideal finden können.

Sollte der Austausch trotz wertschätzender Kommunikation noch nicht wie gewünscht fruchten, erarbeitet jede Fachkraft für sich Möglichkeiten, das Ziel zu erreichen, das sie nach der Wunderfrage erblickt hat. Diese Überlegungen bilden die Basis, um individuelle Wege zur erfolgreichen Teamarbeit zu finden. Auf diese Weise arbeitet zwar jede Fachkraft für sich, über das gemeinsame Ziel entsteht jedoch eine Verbindung zwischen den Teammitgliedern.

Klar ist, dass alle die Regeln, die für die erfolgreiche Zusammenarbeit aufgestellt wurden, einhalten sollten. Bereits nach kurzer Anwendungszeit ist eine Auswertung sinnvoll, bei der die Regeln überprüft werden. Zeigt sich hier, dass einige Regeln nicht greifen, können sie direkt alltagstauglich umformuliert werden, bevor sich Frust aufbaut.

Der Austausch kann mit der Frage beginnen: Wie ist es mir mit den neuen Regeln ergangen? Welche positiven Veränderungen habe ich wahrgenommen? An mir und an anderen!

Wichtig in der Reflexion ist die Ausrichtung auf das gemeinsame Ziel. Achten Sie darauf, dass Sie nicht in einer Debatte über die negativen Auswirkungen der einzelnen Regeln enden. Vielmehr sollten Sie den Blick auf die positiven Erfahrungen und Gewinne richten.

In einem konfliktreichen Team hat sich meist in die Landkarte eingebrannt, dass angestrebte Veränderungen wieder in alter Gewohnheit enden. Daher ist es von besonderer Bedeutung, sich bewusst zu machen, welche Einschätzung jeder Einzelne von der Teamaktivität hat, und einer negativen Ausrichtung vorzubeugen. Geben Sie Ihrem Team die Möglichkeit, in einem neuen Licht zu erscheinen!

3.6 Aller Anfang ist schwer ...

Jede Struktur gibt Sicherheit. Deshalb gibt auch das konfliktreiche Team Sicherheit für die Landkarte der einzelnen Fachkräfte; Veränderung kann das gesamte System ins Wanken bringen. Oft ist es also leichter, bei alten Strukturen zu verbleiben, weil Veränderung Kraft kostet und zunächst keine Gewissheit besteht, dass es danach besser ist als vorher. Verhaltensänderung erfordert immer einen enormen Kraftaufwand, ist mit Reflexion und Selbsterfahrung verbunden. Nicht für jeden ist diese Arbeit einfach!

Veränderung braucht daher Zeit. Jede Fachkraft sollte sowohl mit sich als auch mit den anderen Geduld haben und Rückfälle nicht stärker gewichten als Erfolge.

Richten Sie Ihren Blick auf positive Erlebnisse, auf die Verbesserungen, die sich ergeben. Sollten negative Erlebnisse mit der Veränderung einhergehen, nehmen Sie diese wahr und schauen Sie, wie Sie diese zukünftig umgehen können.

Mit einem gemeinsamen Ziel vor Augen, dem Blick für das Positive und einem wertschätzenden Miteinander gelingt es jedem Team, erfolgreich miteinander zu arbeiten!

4 Mit Coaching demokratisch führen

So wie Coaching in wirtschaftlichen Unternehmen zur Stärkung der Mitarbeiter und zur Optimierung des Gewinns genutzt wird, trägt es auch in pädagogischen Einrichtungen zur Verbesserung und damit zum Erfolg der Arbeit bei. Die Arbeit im Team wird maßgeblich von der Leitungskraft beeinflusst – sie steckt nicht nur den Rahmen ab, in dem Teamprozesse vollzogen werden können, sondern trägt mit ihrer Haltung stilbildend zum Arbeitsklima bei.

Erfolgreiche Teams reflektieren ihr pädagogisches Konzept daraufhin, ob sie die pädagogischen Leitlinien beachten und einhalten. Das Gleiche empfehle ich der Leitung einer pädagogischen Einrichtung – setzen Sie sich mit den Zielen Ihrer pädagogischen Arbeit auseinander!

Fachkräfte eröffnen Kindern Bildungsräume, in denen sie Partizipation erleben, autonom handeln und ihre emotionale Kompetenz ausbauen. Ziel ist es, die verantwortliche Teilhabe an der Gesellschaft im gesellschaftlichen Raum der Betreuungseinrichtung zu üben. Als Vorbilder des gesellschaftlichen Miteinanders fungieren die Fachkräfte. Als Vorbild für die Fachkräfte gilt die Leitung – sie sollte ihren Mitarbeitern den entsprechenden Freiraum für demokratische Partizipation und Autonomie schenken.

Wie die Fachkraft in der Kindergruppe das tägliche Geschehen leitet und dabei die Kinder in ihrer Autonomie stärkt und Teilhabe ermöglicht, so leitet die Führungskraft einer Einrichtung die Arbeit der Mitarbeitenden an. Auch sie sollte Möglichkeiten zur autonomen Entfaltung bereitstellen, Teilhabe und Mitbestimmung bei der täglichen Arbeit ermöglichen. Auf diese Weise stellt sie gleich drei Gewinne sicher:

1. Die Kinder erleben die Fachkräfte als Vorbilder. Sie erleben Leitung nicht als vorgesetzt, sondern als demokratische Kooperation.
2. Fachkräfte können in ihrem Gruppenalltag weitergeben, was sie selbst erfahren: Unter einer strikten Leitung mit eng gestecktem Rahmen ist es schwer, Freiräume zur Mitgestaltung zu ermöglichen.
3. Die Leitungskraft kann Aufgaben abgeben und sich Entlastung verschaffen.

4.1 Leitung als demokratische Kooperation

Anders als zu Zeiten des autoritären Leitungsstils ist die heutige Führung einer Einrichtung demokratisch verankert. Demokratie ermöglicht den Fachkräften ein Mitbestimmungsrecht, Teilhabe und die Möglichkeit, autonom zu handeln. Die Teilhabe pendelt sich dabei zwischen persönlichen Bedürfnissen und gesellschaftlichen Bedingungen ein. So bedeutet demokratische Führung ein individuelles Mitbestimmungsrecht im Rahmen des gesellschaftlichen Miteinanders.

Die Leitung einer Einrichtung ist nicht »Alleinbestimmer«, sondern kooperiert mit den Mitarbeitenden. Sie überträgt Aufgaben, leitet Abstimmungen an und holt alle mit ins Leitungsboot.

> **Beispiel**
> Die Leitung der Kita *Regenbogen* hat eine Veränderung der Mittagessenszeiten vorgeschlagen. Die Kollegen sind zwiegespalten. Nach einer Testphase stellen sie fest, dass die Veränderung einige Nachteile mit sich bringt und erklären diese. Die Leitung bedankt sich für das Feedback und lässt darüber abstimmen, ob die Veränderung bestehen bleibt oder rückgängig gemacht wird. Das Team entscheidet sich gegen die Veränderung, die Leitung schließt sich der Mehrheit an.

Warum ist es wichtig, Mitarbeiter in Entscheidungen einzubinden?

Mitarbeiter sind die ausführende Instanz der Veränderung. Veränderungen können aus Leitungssicht sinnvoll sein, im Gruppenalltag jedoch eher zur Erschwernis des Ablaufs beitragen. Indem die Leitung Veränderungen überprüfen lässt und die Mitarbeiter sich einbringen können, ermöglicht sie Mitbestimmungsrecht und Teilhabe an der täglichen Arbeit. Auf diese Weise werden aus vorgesetzten Veränderungen selbst bedachte und entschiedene Veränderungen.

> **Beispiel**
> Die Leitung möchte dieses Jahr die Weihnachtsfeier zur Abstimmung stellen. Bisher hat sie stets alles vorgegeben, inklusive Datum und Ablauf. Dabei wurde sie das Gefühl nicht los, die Mitarbeitenden

würden sich mit wenig Begeisterung durch Vorbereitung und Veranstaltung quälen.

Dieses Jahr lässt sie das Team entscheiden, ob es eine Feier geben soll, und wenn ja, wie diese aussehen könnte. Nach anfänglicher Überraschung stellen alle fest, dass sie die Weihnachtsfeier immer sehr schön fanden und gern wieder eine machen möchten. Es kommen direkt Vorschläge zu Programmpunkten.

Demokratische Führung ist transparent

Demokratische Führung zeichnet sich durch Transparenz aus und beugt damit vielen Konflikten vor. Der Einblick in Leitungsaufgaben lässt Handlungen besser nachvollziehen, die Leitung wird auf diese Weise besser unterstützt.

Beispiel
Das Team möchte kurzfristig ein Sommerfest veranstalten. Die Leitung ist zwar begeistert von der Idee, bittet allerdings darum, sich aus der Organisation weitgehend raushalten zu dürfen. Sie erläutert ihre Aufgaben für die nächsten Wochen. Da das Team im Bilde ist über die Arbeit der Leitungskraft, können die Gründe nachvollzogen werden und das Team organisiert sich selbst.

Da die Aufgaben von Leitungskraft und Fachkraft sich unterscheiden, ist Transparenz für beide Parteien wichtig. So hat zwar die Leitung einen größeren Einblick in den Gruppenalltag der Fachkraft, kann jedoch Hintergründe und gruppendynamische Prozesse von außen nur begrenzt beurteilen. Die Fachkraft hat weniger Einblick in die Leitungsaufgaben und ist auf Transparenz angewiesen, um kooperativ sein zu können. Um Missverständnissen vorzubeugen, sind Offenheit und Transparenz grundlegend für die erfolgreiche demokratische Führung.

4.2 Fachkräfte geben weiter, was sie selbst erfahren

Um Partizipation und Teilhabe der Kinder zu ermöglichen, benötigen Fachkräfte die gleiche Möglichkeit sich einzubringen und an der Arbeit teilzuhaben. So wie die Fachkräfte das Geschehen der Gruppe anleiten, führt die Leitung ihr Team durch die tägliche Arbeit. Dabei sollte sie Freiräume für autonome Entscheidungen schaffen, eigenständige Entscheidungen bestärken und davon ausgehen, dass Handlungen der Mitarbeiter immer einer positiven Absicht folgen.

> **Beispiel**
> Dirk kommt zu seiner Leitungskraft und erzählt, dass er Schwierigkeiten mit einem Kind hat. Er überlegt ein Elterngespräch einzuberufen, allerdings ist dies sein erstes Gespräch und er fühlt sich unsicher. Die Leitung bestärkt ihn, indem sie sagt, dass er die Lage am besten einschätzen kann, da er täglich mit dem Kind zusammen ist. Wenn er meint, dass ein Gespräch nötig sei, dann stimme das. Die Leitung weist Dirk darauf hin, dass er sich zur Vorbereitung und im Gespräch Unterstützung suchen kann, wenn es ihm Sicherheit schenkt und bietet sich selbst dafür an.

Wenn die Fachkraft die Erfahrung macht, dass eigene Entscheidungen respektiert werden, ist es viel leichter, eine solche Haltung an Kinder weiterzugeben.

4.3 Die Leitungskraft kann Aufgaben abgeben und sich Entlastung verschaffen

Der Gewinn des demokratischen Führungsstils liegt unter anderem darin, dass die Leitung sich per Aufgabenverteilung zum einen Entlastung verschafft und zum anderen ein neues Verantwortungsgefühl wachsen lässt.

Partizipation stärkt die Motivation. Wie Kinder großen Spaß daran haben, ihre eigenen Erfahrungen zu machen und Aufgaben zu übernehmen, so ist es auch bei Fachkräften. Leider fühlen sich Fachkräfte häufig in der passiven Rolle, Aufgaben übernehmen zu *müssen*. Dieses Müssen kann jede Eigenmotivation stoppen.

Umgekehrt versetzen Entscheidungen, die eigenständig getroffen werden, die Fachkraft in eine aktive Rolle. Es wächst ein Verantwortungsgefühl für das eigene Handeln und entfacht den eigenen Antrieb, etwas zu verwirklichen. Dieser Antrieb mitzugestalten ist kein anderer als der von Kindern, die Dinge aktiv entdecken und gestalten. Wenn Leitungskräfte diesen Antrieb stärken wollen, sollten sie Freiräume für autonome Handlungen schaffen. Sie sollten Mitarbeitende aus einer passiven Ausführerrolle in eine aktive Mitgestaltungsrolle versetzen. In einer passiven Rolle führen die Mitarbeiter die Vorgaben der Leitung aus. In einer aktiven gestalten sie ihr Arbeitsumfeld.

Die Leitung erfährt unter zwei Gesichtspunkten Entlastung. Sie kommt heraus aus der Motivator-Rolle, die stetig antreiben und motivieren muss – was noch nicht einmal wirksam ist. Wenn die innere Motivation der Mitarbeiter nicht gegeben ist, kann keine Leitungskraft sie entfachen. Die zweite Entlastung können Leitungskräfte darüber erfahren, dass sie Aufgaben abgeben. Nutzen Sie also Ihr Team!

Stärken Sie die Eigeninitiative Ihrer Mitarbeiter! So wecken Sie die innere Motivation und Verantwortung für Ihre gemeinsame Arbeit!

4.4 Nützliche Coachings-Tools zur demokratischen Führung

Die Leitungskraft begleitet ihr Team wie die Fachkraft ihre Gruppe, daher können alle Tools genutzt werden, die zur Stärkung der Persönlichkeit und Professionalität beitragen.

Landkarte

Die Landkarte lenkt den Blick auf das individuelle Verhalten. Die Leitung sollte sich stets vor Augen führen, dass die Fachkraft so agiert, wie es in ihr Bild von der Welt passt. Dabei sollte in Reflexionen oder Teamcoachings stets an der Erweiterung der Landkarte gearbeitet werden, jedoch nicht kritisierend, sondern bereichernd. Die Leitung kann dazu Fragen stellen, die zu einem neuen Blick auf Personen und Handlungen führen – zu einem Perspektivenwechsel.

Ressourcen aktivieren – Schatzsuche

Ressourcen zu aktivieren, dient der Stärkung der Kompetenz. Daher kann auch die Leitung dieses Tool nutzen, um Mitarbeiter zu ihren Fähigkeiten zu führen und diese ins Bewusstsein zu rufen. Im Beispiel von Dirk könnte die Leitung mit ihm gemeinsam überlegen, wann er früher in seinem Leben schon einmal ein unangenehmes Gespräch erfolgreich geführt hat und welche Fähigkeiten sich dabei gezeigt haben.

Imagination und die Wunderfrage von de Shazer

Imagination und die Wunderfrage von de Shazer versetzen die Fachkraft von Problemsituationen in Zielsituationen. Auf diese Weise beschäftigt sie sich mit der Lösung des Problems und kann Wege dorthin finden. Im Beispiel von Dirk könnte man zum einen überlegen, wie das Gespräch aussehen würde, wenn es erfolgreich verlaufen würde. Oder man könnte überlegen, wie es aussehen würde, wenn die Schwierigkeiten, die die Zusammenarbeit von Dirk und dem Jungen stören, gelöst wären.

4.5 Möglichkeiten der Teilhabe schaffen

Die demokratische Führung einer Einrichtung zeigt sich in der Gestaltung eines gemeinschaftlichen pädagogischen Konzepts. Wenn alle Mitarbeiter an einem Tisch zusammensitzen und sich gemeinsam über Ziele und Grundlagen ihrer Arbeit austauschen, erhält jeder Mitarbeiter eine aktive Rolle im Gestaltungsprozess. Entsprechend leicht ist die Umsetzung im Alltag, da die Fachkraft selbst die Grundlagen für ihre Arbeit mit erarbeitet hat.

Die *Tagesstruktur* in der Einrichtung ist ebenfalls eine gewinnbringende Möglichkeit, die Mitarbeiter zur Mitgestaltung einzuladen. Die Fachkräfte richten ihre Arbeit maßgeblich an der Tagesstruktur aus, daher ist es für sie von besonderer Bedeutung diese mitzugestalten. Niemand sollte ihnen ein Gerüst vorsetzen, in dass sie ihre Arbeit eingliedern müssen; vielmehr wissen die Fachkräfte sehr gut, welche Struktur sich positiv auf den Gruppenprozess auswirkt und können diese herstellen.

Die *Erziehungspartnerschaft* mit den Eltern ist so individuell wie es jeder der Beteiligten ist, daher sollten hier gemeinsame Ziele sowie Wege dorthin festgehalten werden, nicht fixierte Abläufe. Ziel ist es dabei, sich gegenseitig mit guten Erfahrungen zu befruchten.

Die *Teamarbeit* sollte vom Team bestimmt werden. In welchem Rahmen findet sie statt und wie oft? Welches Ziel setzt sich das Team, welches Bild möchte das Team erfüllen?

Die *Kommunikationsstruktur* in der Einrichtung sollte besprochen sein. Angefangen von Aushängen für Eltern bis hin zu einem »Guten-Morgen-Gruß«. Was ist jeder einzelnen Fachkraft wichtig?

Ziel ist es dabei nicht, stets ein gemeinsames Ziel festzulegen. Vielmehr sollte eine Wahrnehmung der einzelnen Meinungen stattfinden sowie ein Ausloten dessen, was für jeden Einzelnen möglich ist. Es ist nicht verkehrt, wenn eine Gruppe jede Woche mehrere Aushänge macht und die andere sich stattdessen persönlich mit den Eltern austauscht. Es ist auch in Ordnung, wenn die Tagesstruktur sich gruppenintern unterscheidet.

Das System »Einrichtung« ist nicht nur ein gesellschaftlicher Raum für Kinder, sondern ebenso für Fachkräfte. Demokratische Teilhabe funktioniert auch hier über das Befriedigen eigener Bedürfnisse im Rahmen der gesellschaftlichen Möglichkeiten.

> **Beispiel**
> Die gelbe Gruppe möchte gern später als die anderen Gruppen frühstücken, da sich zeigt, dass die Kinder der gelben Gruppe erst sehr spät kommen. Sie stimmen mit der Köchin ab, dass sie das Frühstück um 30 Minuten nach hinten legen können, ohne dass es Auswirkungen auf die Organisation des Mittagessens für alle hat.

Neue Mitarbeiter, die persönliche Weiterentwicklung oder neue Kinder bringen stetig neuen Wind in das System *Team*. Daher ist es besonders gewinnbringend, wenn Konzepte und Strukturen einmal jährlich auf den Prüfstand gestellt werden. Dabei wird das Erreichen benannter Ziele überprüft und neue Ziele werden gesetzt. Reflexion sollte dabei nicht als problemzentrierte Auseinandersetzung gestaltet werden, sondern eher als Ausblick auf Verbesserungen und neue Ziele.

4.6 Aller Anfang ist schwer ...

Sollten Sie Ihre Einrichtung bisher noch nicht demokratisch geführt haben, wird die Umstrukturierung nicht von heute auf morgen möglich sein. Teilhabe ist ein Prozess, der Zeit braucht und der wächst.

Feste Strukturen schenken den Fachkräften Sicherheit. Für viele Mitarbeiter ist es durchaus angenehm, wenn ihre eigene Meinung nicht gefragt ist, sondern sie sich an Vorgaben entlanghangeln. Vielleicht möchten sie gar nicht mehr Engagement in ihre Arbeit legen und sind zufrieden damit, wie es ist. Für diese Fachkräfte muss ein sanfter Übergang ermöglichen, an eigene Entscheidungen herangeführt zu werden. Im Veränderungsprozess kann es passieren, dass Entscheidungen getroffen werden, die sich im Nachhinein als schwierig erweisen. Vertrauen Sie darauf, dass Ihre Kollegen zu jeder Zeit das für sie Richtige tun und jedes Verhalten einer positiven Absicht folgt.

Schenken Sie Ihren Mitarbeitern Vertrauen und führen Sie sie langsam an Entscheidungen heran, die sie als gewinnbringend wahrnehmen. Haben Sie Geduld mit Mitarbeitern, die Ihr Angebot mit Vorsicht genießen, ihr Bild der Welt sieht anderes vor. Mit Geduld und Vertrauen können Sie die Landkarte Ihrer Mitarbeiter erweitern und den Funken für die Eigenaktivität entfachen.

5 Zusammengefasst

Pädagogische Fachkräfte sind nach der Familie die wichtigsten Bezugspersonen für Kinder. Pädagogische Einrichtungen sind gesellschaftliche Räume, in denen Entwicklung und Sozialisation stattfindet. Im zweiten Sozialisationsfeld nach der Familie kann das Einfinden in die gesellschaftlichen Strukturen einer Betreuungseinrichtung einige Herausforderungen für Kinder bereithalten – den Umgang mit neuen Kindern, mit gesellschaftlichen Regeln und einer neuen Tagesstruktur. Gleichzeitig wird hier der Grundstein gelegt für die gesellschaftliche Teilhabe als Erwachsener.

Aufgabe der Fachkräfte ist es, die Kinder in dieser Entwicklungsphase zu begleiten, sowohl im Umgang mit Stolpersteinen als auch bei der Freude über erreichte Ziele. In Momenten der Verzweiflung stärkt die Fachkraft den Glauben, in Momenten der Trauer tröstet sie, in Momenten der Wut beruhigt sie und in Momenten der Freude lacht sie. Sie nimmt die Kinder wahr, reflektiert mit ihnen und blickt mit ihnen in die Zukunft. Dafür ist es wichtig, dass sich die Fachkraft ihrer Rolle bewusst ist und Freude am Entwicklungsprozess jedes Kindes empfindet, auch wenn er von ihrer Vorstellung abweicht.

Fachkräfte sollten
- den Schatz in jedem Kind entdecken wollen!
- die eigene Landkarte mit all ihren Glaubenssätzen reflektieren!
- das eigene pädagogische Ziel leben!

Fazit

Kids-Coaching ist eine neue Methode Kinder in ihrer Entwicklung zu begleiten und in ihrer individuellen Persönlichkeit zu stärken. Die Individualität des Kindes steht im Fokus von Kids-Coaching und bestimmt maßgeblich den Prozess, ohne ihn grenzenlos sein zu lassen. Zwar steht im Kids-Coaching die persönliche Entfaltung des einzelnen Kindes im Mittelpunkt der Arbeit, die individuelle Entfaltung findet dabei jedoch jederzeit im gesellschaftlichen Rahmen statt. So wird es nicht passieren, dass die Persönlichkeit sich erst frei entfaltet und bei Einzug in die Gesellschaft mit den Strukturen kollidiert. Im Kids-Coaching wachsen Kinder bereits in diese Strukturen hinein und werden behutsam mit ihnen vertraut gemacht. Das Kind nimmt den gesellschaftlichen Rahmen von Beginn an in seine Landkarte auf und richtet sein Bild der Welt danach aus. Entwicklung findet im Zentrum der Gesellschaft statt.

Es sollte nicht unterschätzt werden, wie groß die Herausforderungen für Kinder bei dieser Entwicklung sein können. Gesellschaftliche Grenzen können sehr starr sein, sie können sehr eng gesteckt sein und persönlichen Bedürfnissen wenig Raum zusprechen. Es ist notwendig, den Kindern einen Handlungsspielraum aufzuzeigen und sie im Umgang mit diesen Grenzen stärkend zu begleiten. Da ein großes persönliches Handlungsfeld ein Gefühl von Orientierungslosigkeit hervorrufen kann, befürwortet Kids-Coaching Grenzen. Gerade Kinder suchen nach Grenzen, welche den eigenen Handlungsspielraum einzäunen. Kids-Coaching zielt darauf Kindern zu zeigen, wie Räume eingegrenzt werden können. Diese Eingrenzung schenkt zum einen Orientierung und hilft zum anderen, sich auf Dinge zu fokussieren.

> **Beispiel**
> Henner, 4 Jahre, flitzt seit dem Frühstück stetig durch die Einrichtung. Von einem Spieltisch zum nächsten, von einer Gruppe in die nächste. Die Fachkraft nimmt wahr, dass Henner nicht ins Spiel finden kann, da er abgelenkt ist von so vielen Spielmöglichkeiten. Sie fragt ihn, wo er gern spielen möchte und begleitet ihn dorthin. Sie begleitet ihn ins Spiel und lässt ihn mit den anderen Kindern weiterspielen.

Fachkräfte haben heute eine große Bedeutung für das Aufwachsen von Kindern, sowohl für die Kinder als auch für deren Familien: Dieser Bedeutung sollten sie sich immer bewusst sein: Als zweite Bezugspersonen nach den Eltern fungieren Fachkräfte als Bindeglied zwischen Familie und Gesellschaft. Das Kind kommt mit seinen Eltern in die Einrichtung und baut eine vertraute Beziehung zur Fachkraft auf. Die Fachkraft begleitet es in das gesellschaftliche Miteinander der Gruppe. Gleichzeitig ist sie Ansprechpartner für die Eltern, welche die Begleitung im Gruppenprozess voller Vertrauen an die Fachkraft abgeben. Die Fachkraft stellt damit eine Brücke dar, welche Kindern das Loslösen von den Eltern und die Teilhabe am Gruppengeschehen ermöglicht und als verlässlicher Partner für Eltern dient.

Die Fachkraft ist die Schnittstelle zwischen Familie und Gesellschaft – als Bezugsperson für Kinder und Eltern, sowie als Repräsentant der gesellschaftlichen Institution »Betreuungseinrichtung«.

Die Bedeutung pädagogischer Arbeit wächst zunehmend – durch die Institutionalisierung von Kindheit als Folge familiärer Berufstätigkeit und kleiner werdender Familien. Wo früher die Großeltern die Enkel versorgten, ist heute die Fachkraft die Begleitung im Entwicklungsprozess vieler Kinder. Bereits sehr früh findet heute außerfamiliäre Kindheit statt. Wie sich beim Platzbedarf für U3-Kinder abzeichnet, wird diese Entwicklung weiter voranschreiten.

Wenn pädagogische Einrichtungen heute der Raum sind, in dem kindliche Entwicklung maßgeblich stattfindet, ist es von besonderer Bedeutung, Fachkräfte entsprechend fortzubilden, um ihnen Sicherheit bei dieser zukunftsträchtigen Aufgabe zu schenken. Neben dem eigenen Bewusstsein für die Bedeutung der Aufgabe sollte auch von außen ein neuer Blick auf die tägliche Arbeit der Fachkräfte geworfen werden. Fachkräfte bilden die Fachkräfte der Zukunft aus. Das heißt: Je besser Kinder in pädagogischen Einrichtungen betreut werden, desto besser können sie auf die gesellschaftliche Teilhabe vorbereitet werden und zur Entwicklung der Gesellschaft beitragen.

KIDS-COACHING stellt die Weichen zur gesellschaftlichen Teilhabe und Weiterentwicklung. Indem Kinder bereits in der Betreuungseinrichtung lernen mit gesellschaftlichen Prozessen oder Veränderungen umzugehen, wachsen sie Schritt für Schritt in diese herein.

Beispiel
Nele hat große Schwierigkeiten beim Übergang in die Grundschule. Die Fachkraft und die Eltern bereiten Nele behutsam vor, schenken ihr ein neues Bewusstsein für die eigenen Fähigkeiten und begleiten sie als verlässliche und starke Partner. Diese Begleitung verhilft Nele zu einem selbstbewussten Start in die Grundschule. Seither steht sie Veränderungen sehr positiv gegenüber.

Es ist nötig, Kinder coachend zu begleiten, ihnen einen Umgang mit Grenzen zu vermitteln, sie Handlungsspielräume erkennen zu lassen und ihre Fähigkeiten zu stärken. Sie sollen ein Bewusstsein für sich selbst als Teil der Gesellschaft entwickeln.

Menschen, die ein Bewusstsein für sich haben, erkennen eigene Bedürfnisse viel eher, haben keine Angst vor Veränderungen und können in ihrem gesellschaftlichen Rahmen so agieren, dass es ihnen gut tut. Menschen, die kein Bewusstsein für sich selbst haben, laufen Gefahr Bedürfnisse zu spät wahrzunehmen oder keinen Ausweg aus Situationen zu sehen. Grund dafür kann ein Mangel an bewussten Fähigkeiten sein, die Angst vor Veränderung oder eine begrenzte Landkarte, die Handlungsmöglichkeiten im Dunkeln belässt.

Ein mangelndes Bewusstsein für die eigenen Bedürfnisse schadet Menschen. Wer kein Bewusstsein für Bedürfnisse seines Geistes oder Körpers hat, kann Signale nicht erkennen und nicht nach ihnen handeln.

Ebenso verhält es sich mit den eigenen Fähigkeiten. Wer kein Bewusstsein für die eigenen Fähigkeiten besitzt, kann diese nicht bewusst einsetzen und nutzen. Doch gerade diese Fähigkeiten schenken Selbstvertrauen und den Mut, Veränderungen anzugehen. Sie schenken Zuversicht und geben Sicherheit.

Grund für diesen Mangel an Bewusstsein für die eigenen Fähigkeiten kann die alltägliche Fokussierung auf Schwächen sein. Meiner Erfahrung nach erzählen Menschen eher selten von den Dingen am Tag, die gut gelaufen sind – dafür umso mehr von den Dingen, die nicht so toll geklappt haben. Gute Dinge werden als selbstverständlich hingenommen, die negativen Dinge dagegen fallen ins Auge, weil sie stören. Wie gut würde es uns tun, genau andersherum zu agieren?

Im Kids-Coaching heißt es, die negativen Dinge nicht stärker zu gewichten als die positiven. Es gilt zu schauen, wann es gut läuft und die Bedingungen für das Gute zu untersuchen und zu nutzen.

Jeder kann sich auf Schatzsuche begeben und seine eigenen Fähigkeiten ins Bewusstsein rufen. Wer seine eigenen Fähigkeiten kennt, verfügt über ein viel größeres Vertrauen in sich selbst. Dies hat sowohl Auswirkungen auf das tägliche Leben als auch auf den Umgang mit Grenzen oder Veränderungen. Kinder beweisen viel Mut dabei, an Grenzen zu stoßen und sich für sich selbst einzusetzen, ohne Angst vor einer Niederlage oder der Reaktion des Gegenübers. Erwachsene suchen tendenziell eher selten Grenzen. Häufiger ziehen sie sich bei Widerstand zurück, aus Angst vor einer Niederlage.

Dabei sind Grenzerfahrungen für Erwachsene genauso wichtig wie für Kinder. Sie zeigen, dass Menschen ihr Leben aktiv in die Hand nehmen. Sie zeigen, dass sie sich für sich einsetzen und Ziele verfolgen! Sie zeigen, dass sie teilhaben wollen!

Nichts macht uns selbstsicherer, als unsere eigenen Fähigkeiten zu erkennen!

Psychologisches Wissen für eine bessere Arbeit in Kita und Grundschule

Hermann Staats
Feinfühlig arbeiten mit Kindern
Psychoanalytische Konzepte für die Praxis in Kita und Grundschule
1. Aufl. 2014, 156 Seiten mit 4 Grafiken, kartoniert
ISBN 978-3-525-70167-6
eBook: ISBN 978-3-647-70167-7

Ein Verstehen von subjektivem Sinn und spielerischer Interaktion fördert Kinder in ihren Beziehungskompetenzen, ihrer sinnlichen Wahrnehmung, der Selbstregulation ihres Verhaltens und im nachhaltigen Erwerben kognitiver Leistungen.

Hermann Staats beschreibt, wie Beziehungen zu Kindern in Krippe, Kita, Hort und Schule umfassender verstanden und entwicklungsfördernd gestaltet werden können. Es trägt dazu bei, eine verstehens- und beziehungsorientierte professionelle Haltung zu entwickeln und im beruflichen Alltag aufrechtzuerhalten. Theorien werden mit ihren Widersprüchen beschrieben, sodass sie zum Weiterdenken anregen. Wissen zum Einfluss sozialer und biografischer Faktoren sowie körperlicher und seelischer Entwicklungsprozesse ist an vielen Stellen integriert.

www.v-r.de

Eine Chance für die Kinder –
eine Herausforderung für ErzieherInnen

Ferdinand Klein, Armin Krenz
Bildung durch Bindung
Frühpädagogik: inklusiv und
beziehungsorientiert
2. Aufl. 2013, 222 Seiten mit 2 Abb.
und 1 Tab., kartoniert
ISBN 978-3-525-70136-2
eBook: ISBN 978-3-647-70136-3

Alle Kinderseelen – ob mit oder ohne körperliche, geistige bzw. seelische Beeinträchtigungen – brauchen Zeit und Raum, um sich zu entfalten und nicht zu zerbrechen. Diese einfache Regel wird heute oftmals vernachlässigt: Der Leistungsdruck wächst und viele Kitas verwandeln sich in output-zentrierte Förderstätten. Dabei bringt nur einfühlsame pädagogische Begleitung und Führung Kinder auf den Weg zu beziehungsfähigen, lern-, arbeits- und leistungsfähigen Menschen.

Praxisbezogen zeigen Armin Krenz und Ferdinand Klein, wie bindungsorientierte und inklusive Pädagogik gelingen kann. Internationale wie nationale Praxisbeispiele werden dabei ebenso thematisiert wie die Beziehungsebene zwischen der Fachkraft und der Familie.

www.v-r.de